बुद्ध-वैराग्य

तथा प्रारंभिक कविताएँ

वाणी प्रकाशन

नयी दिल्ली-110002

बुद्ध-वैराग्य

तथा प्रारम्भिक कविताएँ

रामविलास शर्मा

वाणी प्रकाशन

वाणी प्रकाशन

4695, 21-ए, दरियागंज, नयी दिल्ली 110 002

फ़ोन : +91 11 23273167 फ़ैक्स : +91 11 23275710

शाखाएँ

अशोक राजपथ, पटना 800 004, बिहार

कॉफ़ी हाउस कैम्पस, महात्मा गांधी मार्ग, इलाहाबाद 211 001, उत्तर प्रदेश

महात्मा गांधी अन्तरराष्ट्रीय हिन्दी विश्वविद्यालय, वर्धा 442 001, महाराष्ट्र

www.vaniprakashan.in
marketing@vaniprakashan.in
sales@vaniprakashan.in

BUDDHA- VAIRAGYA
TATHA PRARAMBHIK KAVITAYEN
by Ramvilas Sharma

ISBN : 978-81-7055-508-7
Poetry

प्रथम संस्करण 1997
आवृत्ति 2019

मूल्य : ₹ 200

हर्ष प्रिंटर्स, दिल्ली-110 093 में मुद्रित

वाणी प्रकाशन का लोगो मक़बूल फ़िदा हुसेन की कूची से

भूमिका

इस संकलन में सन् 29 से 36 के बीच लिखी कुछ कविताएँ हैं। एक उपन्यास 'चार दिन' और एक नाटक 'पाप के पुजारी' है।*

शुरू की पाँच कविताएँ झाँसी में लिखी गई थीं। उस समय मैं इंटरमीडिएट के दूसरे वर्ष का छात्र था। चंद्रशेखर आजाद के कुछ साथी मेरे मित्र थे, उनमें वैशंपायन मेरे सहपाठी थे। मुझ पर उन लोगों के राजनीतिक विचारों का काफी प्रभाव था। 'हम गोरे हैं' मेरी पहली राजनीतिक कविता है और वह व्यंग्य कविता भी है। बहुत दिन तक मैंने ऐसी कविताएँ नहीं लिखीं, फिर 45-46 में अगिया बैताल के नाम से बहुत-सी व्यंग्य कविताएँ लिखीं। वे 'सदियों के सोये जाग उठे' में संकलित हैं। सन् 29-30 के बहुत से क्रांतिकारियों ने मार्क्सवादी विचारधारा अपनायी और 45-46 में वे कम्युनिस्ट पार्टी में थे। मैं भी उन दिनों पार्टी का सदस्य था।

'प्रश्नोत्तर' में क्रांतिकारी अकेला है पर वह 'साम्य समक्ष असीम विषमता' को दूर करने का स्वप्न देखता है। 29-30 की झाँसी में साम्यवाद की हवा चलने लगी थी। 'समर गान' में स्वतंत्रता की जय के साथ साम्यवाद की जय भी है। 'नवयुवक शक्ति' में क्रांतिकारी अकेला नहीं है, वह युवक शक्ति को जगाकर उससे आगे बढ़ने को कहता है। वह शांति से आन्दोलन चलाने वालों की आलोचना करता है, इस आन्दोलन का विकल्प उसके लिए सशस्त्र क्रांति है। स्वभावतः वह 1857 के स्वाधीनता संग्राम से आकर्षित है। अंग्रेजों को झाँसी सौंप दी जाये, इस माँग के उत्तर में रानी ने कहा था 'मेरा झाँसी देऎँगा नहीं !' इसी वाक्य को लेकर मैंने एक कविता लिखी। कविता के अंत में—'विप्लव का राग सुनो इनमें,' इस पंक्ति के द्वारा नये संभावित विप्लव को 1857 के संग्राम से जोड़ दिया गया है।

व्यंग्य की जमीन से हटकर बाद में मैंने जो राजनीतिक कविताएँ लिखीं, वे भी 'सदियों के सोये जाग उठे' में आ गयी हैं। 1857 में मैंने सन् 'सत्तावन की राज्यक्रांति' पुस्तक लिखी। कुछ वर्ष बाद झाँसी के प्रसिद्ध क्रांतिकारी भगवानदास

---

* उपन्यास 'चार दिन' और नाटक 'पाप के पुजारी' पृथक जिल्दों में वाणी प्रकाशन से सद्यप्रकाशित। —प्रकाशक

माहौर ने हिन्दी साहित्य पर सन् 57 के स्वा नता संग्राम के प्रभाव को लेकर शोध प्रबंध तैयार किया। उस पर उन्हें आगरा विश्वा ग्रालय से पी-एच. डी. की उपाधि मिली।

सन् 31 का गीत 'पीछे फिर देखो एक बार' जो 'रूप तरंग' में है और 'धर पग देहरी के पार' जो इस संग्रह में है, ये दोनों गीत, 'प्रश्नोत्तर' वाली परंपरा में हैं। सन् 32 में बी. ए. करने के बाद मैंने स्वामी विवेकानंद के तीन व्याख्यानों का अनुवाद किया। ये 'भक्ति और वेदान्त' नाम से सरस्वती पुस्तक भंडार, लखनऊ से प्रकाशित हुए।* तब तक निराला से मेरा परिचय न हुआ था। उसके बाद एम. ए. की तैयारी करते हुए मैंने स्वामी विवेकानंद के 'कर्मयोग' और 'राजयोग' का अनुवाद किया। 'राजयोग' में उन्होंने सांख्य दर्शन की व्याख्या की; उसने मुझे बहुत प्रभावित किया। सन् 33 में मैंने एक लंबी कविता लिखी—'बुद्ध वैराग्य'। इसमें कुमार सिद्धार्थ कहते हैं—

मिथ्या स्वर्ग लोक मिथ्या जग का स्वामी ईश्वर है।
एक सत्य यह प्रकृति सनातन ही प्रत्यक्ष अमर है।

ये पंक्तियाँ बौद्ध दर्शन के आधार पर नहीं, मार्क्स एंगेल्स के भौतिकवाद के आधार पर नहीं, 'राजयोग' में सांख्य की व्याख्या के आधार पर लिखी गयी थीं।

सन् 35 में स्वामी विवेकानंद की दो अंग्रेजी कविताओं का अनुवाद मैंने किया—'संन्यासी का गीत' और 'जाग्रत देश से'। 'प्रश्नोत्तर', 'बुद्ध वैराग्य' और 'संन्यासी का गीत' में एक सूत्र सामान्य है, युवक मानवता के दुख दूर करने के लिए घर छोड़कर बाहर निकल पड़ते हैं। तीनों में युवक का अंतर्द्वंद्व प्रत्यक्ष या अप्रत्यक्ष रूप से चित्रित है। पर इस सबसे सामाजिक लक्ष्य सिद्ध होता न दिखायी दे रहा था। सन् 34 में मैंने बहुत-सी कविताएँ लिखीं और कई तरह की लिखीं। 'रूपतरंग' में 'पग पग पर यह अज्ञान भार' एक हद तक इस बात की शिकायत है कि वेदान्त अज्ञान को दूर नहीं कर सका। इस संकलन में प्रकाशित गीत 'अहे देश के दुर्दिन' में देश की तत्कालीन स्थिति को लेकर काफी निराशा व्यक्त हुई है। 'कबीर और रामानंद' में वेदान्त के साथ भक्ति है, वह सामाजिक रूढ़ियों को ध्वस्त करने का रास्ता दिखाती है।

एक लंबी कविता लिखी थी 'मेनका'। विश्वामित्र को तपस्या से जो सिद्धि न मिली, वह उसके भंग होने से मिली। मेनका शकुंतला को जन्म न देती तो कालिदास अपना नाटक किस पर लिखते? सन् 34 में कुछ समय तक मैं निराला के साथ रहा। वह 'गीतिका' के गीत लिख रहे थे, इनमें कुछ विशुद्ध वंदना गीत थे, कुछ

---

* वाणी प्रकाशन से 'कर्मयोग', 'राजयोग' और 'भक्ति और वेदान्त' तीनों पुस्तकें पुनर्प्रकाशित।

—प्रकाशक

में वह वेदान्त को शृंगार से मिला रहे थे। 'वर दे वीणावादिनि' या 'दे मैं करूँ वरण' वंदना गीत थे। शृंगारपरक गीतों में कहीं तो सांकेतिक व्यंजना है यथा 'रँग गयी पग पग धन्य धरा' या 'सखि वसंत आया' में, कहीं शृंगार भाव अधिक स्पष्ट हुए हैं यथा 'स्पर्श से लाज लगी' या 'नयनों के डोरे लाल' में। निराला के बहुत से गीतों में प्रकृति उनके भावों की पृष्ठभूमि में रहती है, या उन भावों का आधार बनती है। ये सब बातें मैंने उनसे ग्रहण कीं। 'चंद्रकिरणों से गगन मन', 'एक गान अविश्वर सुंदर' आदि वंदना गीतों की परंपरा में हैं। शृंगारपरक गीत और मुक्तक बहुत से हैं, कई तरह के हैं। कुछ सॉनेट लिखे थे, उनमें ऐन्द्रियता काफी है। मैंने केदारनाथ अग्रवाल की ऐसी कविताओं का समर्थन किया है। इससे कुछ मित्रों ने यह निष्कर्ष निकाला कि पहले मैं नरनारी—संबंधों के यथार्थ चित्रण का विरोध करता था, अब समर्थन करने लगा हूँ।

समस्या यह है कि समाज में स्त्रियों और पुरुषों को स्थायी संबंध क़ायम करने चाहिए या इन संबंधों को बदलते रहना चाहिए। स्त्री पानी भरा ग्लास है, कोई भी आकर पी ले; बस, पानी साफ होना चाहिए ! मैंने इस स्वच्छंद भोगवाद का विरोध किया है, नरनारी-संबंधों के यथार्थ चित्रण का नहीं। कुछ लोगों का विचार है कि जो लोग राजनीतिक कविताएँ लिखते हैं या मार्क्सवादी हैं, उन्हें ऐसा चित्रण न करना चाहिए। मार्क्स और एंगेल्स ऐसा न सोचते थे। एक जर्मन कवि थे गॅऔर्ग व्हेर्थ। एंगेल्स ने इन्हें "जर्मन सर्वहारा का प्रथम और सबसे महत्त्वपूर्ण कवि" कहा था। (मार्क्स एंगेल्स : 'ऑन लिटरेचर ऐन्ड आर्ट', मौस्को, 1878, पृ.-402)। वह केवल जर्मनी के सर्वश्रेष्ठ कवि गेटे से घटकर हैं—"स्वाभाविक स्वस्थ ऐन्द्रियता और शारीरिक वासना की अपनी अभिव्यक्ति में।" (उप., 405)। ऐन्द्रियता और वासना की अभिव्यक्ति में गेटे उनसे बढ़कर थे। कहना न होगा, निराला का-सा सघन इंद्रियबोध अन्य किसी छायावादी कवि में नहीं है।

निराला ने वार्णिक मुक्त छंद में कवित्त को अपना आधार बनाया था। सन् 30 के 'समर गान' में कवित्त के चरणों को मैंने गीत का आधार बनाया था। स्वामी विवेकानंद की दोनों कविताओं का अनुवाद, 'मेनका', 'विचित्र भोर' कवित्त का आधार लिये हैं। उमर खय्याम की रुबाइयों का अनुवाद मैंने सोलह अक्षरों वाली पंक्ति में किया है। 'संन्यासी का गीत' और उमर खय्याम (फिज़ूजेराल्ड संस्करण) की रुबाइयों की विषयवस्तु में बड़ा अंतर है। दोनों के अनुवाद निराला को यह दिखाने के लिए किये थे कि ओजस्वी प्रवाह के लिए हिंदी में सोलह अक्षरों वाली पंक्ति का प्रयोग किया जा सकता है। निराला से मैंने कुछ गलत प्रभाव ग्रहण किये थे। इनमें एक है रूमानी स्वप्नशीलता। यह मेरे गीतों में है, 'मेनका' में है। निराला इससे बाहर आ रहे थे, कुछ दिन में मैं भी बाहर आ गया था। दूसरी है संस्कृत बहुल हिंदी का प्रयोग। निराला तत्सम शब्दों का व्यवहार आवश्यकतानुसार, अभिव्यक्ति को समर्थ

बनाने के लिए करते थे, मैं मुख्यतः ध्वनि-सौंदर्य के लिए। इस प्रवृत्ति की पराकाष्ठा है 'मेनका' में।

यह कविता मई 1935 की 'माधुरी' में छपी थी। भाषा की विकृति पर जो शोध करना चाहे, वहाँ उसे देख ले। मेरे पास उसकी मुद्रित प्रति नहीं है, हाथ की लिखी प्रति में बड़ी काट-छाँट की गयी है। और कुछ स्थानों पर कागज नष्ट हो गया है। बानगी के तौर पर उसके प्रारंभिक और अंतिम अंश यहाँ दिये जा रहे हैं। मेरी समझ में यह सारा अभ्यास व्यर्थ नहीं गया। सन् 38 में मेरी जो कविताएँ 'रूपाभ' में छपीं, उनसे 'बुद्ध वैराग्य' आदि की तुलना करने पर अनुभव और अभिव्यक्ति का भेद स्पष्ट हो जायेगा।

अंतिम कविता 'विचित्र भोर' एकल संवाद (ड्रैमेटिक मोनोलोग) है, उसमें एक क्लर्क का जीवन चित्रित है।

इस बीच सन् 34 में मैंने 'चार दिन' उपन्यास पूरा कर लिया था।

हिन्दी साहित्य में यह एक महत्त्वपूर्ण मोड़ का समय था। प्रेमचंद 'प्रेमाश्रम' और 'रंगभूमि' से आगे बढ़कर 'गोदान' लिख रहे थे, प्रसाद 'कंकाल' से 'तितली' की ओर, निराला 'अप्सरा' से 'देवी' और 'चतुरीचमार' की ओर बढ़े थे, पंत जी छायावाद का आकाश छोड़कर यथार्थवाद की धरती पर उतरने वाले थे। यह संक्रमण छोटे पैमाने पर मेरी प्रारंभिक रचनाओं में भी दिखायी देता है।

कविताओं पर निराला का प्रभाव बहुत स्पष्ट है। यह 'तुलसीदास', 'गीतिका', 'सरोजस्मृति' का रचनाकाल था। गीत मैंने उनकी शैली और बहुत जगह भावों और विचारों का अनुकरण करते हुए लिखे थे। मैं उन दिनों उन्हीं के साथ रहता था, जो लिखता था, उन्हें दिखाता था। एक गीत 'चंद्रकिरणों से गगन मन', उन्होंने प्रसन्न होकर गाया भी था। मेरे लिए यह अपूर्व साहित्यिक उपलब्धि थी। गीतों में जहाँ-तहाँ, उनसे अधिक अन्य कविताओं में, मेरे अपने जीवन के उतार-चढ़ाव, उनसे उत्पन्न होने वाले भाव और विचार भी व्यक्त हुए थे। सन् 34 में लखनऊ विश्वविद्यालय से एम. ए. करने के बाद मैं 'कीट्स तथा प्रिरफेलाइट कवि-चित्रकार' विषय पर शोध कार्य कर रहा था। इस विषय से संबद्ध कवियों के अलावा निराला के साथ मैं रवीन्द्रनाथ ठाकुर की, अधिकतर 'गीताञ्जलि' से पहले की, कविताएँ पढ़ रहा था। मैं विवाहित था पर पत्नी के साथ रहना संभव न था। बड़े भाई हाई स्कूल की परीक्षा में झाँसी सदर बाजार के पहले सफल छात्र होकर डाकखाने में क्लर्क बन गये थे। आर्थिक रूप से मैं उन पर निर्भर था। उन पर परिवार का और बहुत-सा भार भी था। मै चाहता था, कहीं काम मिल जाये तो उनका यह भार कम हो। कभी छात्रवृत्ति, कभी ट्यूशन, कभी स्वामी विवेकानंद का अनुवाद, इनसे थोड़ी-बहुत सहायता मिल जाती थी पर स्थायी रूप से कहीं कोई काम न मिलता था। असुरक्षित जीवन की ये परिस्थितियाँ भी मेरी उस समय की कविताओं में प्रतिबिंबित हैं। गाँव

की पृष्ठभूमि कविताओं में भी है पर कल्पना के आवरण में छिपी हुई।

'चार दिन' यथार्थवाद की ओर बढ़ने का सचेत प्रयास था। पारिवारिक समस्या केन्द्र में है। द्विज और शूद्र का भेद, हिंदू और मुसलमान का भेद पार्श्वभूमि में है, अग्रभूमि में है एक ही वर्ण में ऊँच नीच का भेद। पतनशील सामंती संस्कृति का यह भी एक पक्ष था। बलभद्र दीक्षित पढ़ीस का अवधी कविता संग्रह 'चकल्लस' प्रकाशित हो चुका था। 'चार दिन' में किसान अवधी में बातचीत करते दिखाये गये हैं। उपन्यास की नायिका के लिए अच्छा-सा नाम चाहिए था जो 'अलका', 'निरुपमा' से हटकर थोड़ा भदेस हो, साथ ही कवित्वपूर्ण भी। निराला ने नाम सुझाया था—राजेसुरी। दूसरे परिच्छेद में नंदन का पैंतरा बिगड़ गया, मदन ने दस्ती खींची, बगल डूब की और मोज़ा पकड़ कर बैठ गया, घिस्से से नंदन को लंबा कर दिया, कलाई छुड़ा तरकस खींचा, नंदन ने बँधे तरकस वाले हाथ को खींचते हुए दूसरी बगल को दबाकर एक साथ-बगली और धड़ किया—यह सारा रणकौशल निराला का लिखाया हुआ है। जहाँ तक याद है, अखाड़े की इस पारिभाषिक शब्दावली का प्रयोग न तो निराला ने अपने साहित्य में किया था, न और किसी लेखक ने।

छपने के पहले निराला ने पूरा उपन्यास पढ़ा था। उनकी राय थी : और सब ठीक है, दिसा जंगल की बातें अनावश्यक हैं। पर यह समझकर कि यथार्थवादी चित्रण में, चार दिन की घटनाओं के ब्योरे में, इनका उल्लेख जरूरी है, मैंने उन्हें रहने दिया था। उनके सुझाव पर मैंने उपन्यास चाँद प्रेस को भेजा था। प्रबंधक नंदगोपाल सहगल ने उसका कापीराइट खरीद लिया, पैसे उपन्यास के छप जाने पर देने को कहा। कुछ दिन वह उनके यहाँ पड़ा रहा, याद दिलाने पर 13 फरवरी, 1936 के कार्ड में चाँद प्रेस की ओर से सत्यभक्त ने सूचित किया : " 'चाद दिन' छपने के लिए निकाला गया है। उसे एक सेट में सम्मिलित किया गया है जो संभवतः आगामी तीन-चार मास में पूरा छप सकेगा।" 1937 में 'चार दिन' प्रकाशित हो गया और मैं कापीराइट के मूल्य की प्रतीक्षा करने लगा। कुछ ही दिन बाद नंदगोपाल सहगल का पत्र मिला : "चाँद प्रेस दिवालिया हो गया है। आप 'चाद दिन' का कापीराइट हमसे खरीद सकते हैं।"

कहना न होगा, उनका यह प्रस्ताव उन्हें धन्यवाद देते हुए मैंने अस्वीकार कर दिया।

हमारा एक पारिवारिक पत्र है 'सचेतक'। वह अपने जीवन के दस वर्ष पूरे कर चुका है। उसके संपादक मेरे भाई मुंशी (रामशरण शर्मा) हैं। 'चार दिन' उसमें प्रकाशित हो रहा है। 'पाप के पुजारी' उसमें प्रकाशित हो चुका है। यह नाटक इससे पहले कहीं प्रकाशित नहीं हुआ, वास्तव में वह प्रकाशन के लिए लिखा न गया था। मेरे एक प्रतिभाशाली कलाकार मित्र रामप्रसाद यादव (लल्लू) थे। वह हाई स्कूल की चौखट पार न कर पाये पर फिल्मों, नाटकों, कहानियों की खूबियों और खामियों

की आलोचना बड़ी बारीकी से करते थे। उन्होंने 'नवजीवन ड्रमेटिक एसोसिएशन' नाम से एक संस्था बनायी थी और स्वयं उसके सचिव थे। उन दिनों खलनायक के रूप में 'अमृत मंथन' नाम की फिल्म के अभिनेता चंद्रमोहन की धूम थी। हम लोगों का विचार था कि खलनायक के रूप में लल्लू चंद्रमोहन से अधिक सफल अभिनय कर सकते थे। 'पाप के पुजारी' उन्हें इसी भूमिका में उतारने के लिए लिखा गया था। लखनऊ के छितवाँपुर मोहल्ले के म्युनिसिपल स्कूल के मैदान में नाटक खेला गया। संगीत निर्देशन पढ़ीस जी के पुत्र बुद्धिभद्र दीक्षित ने किया। वह सरोद बजाने में कुशल थे। अभिनय आदि के निर्देशन के काम, झाँसी के अपने अनुभवों के आधार पर, मैंने किये थे।

नाटक दो दिन मंचित हुआ था। पहले दिन दर्शकों में निराला उपस्थित थे। पहले दिन के मंचन से बहुत-सी त्रुटियों का पता लगा। दूसरे दिन हमने उन्हें यथाशक्ति दूर किया और दर्शकों की भीड़ शुरू से अंत तक सब कुछ ध्यान से देखती और सुनती रही। अपनी सफलताओं से प्रसन्न होकर अगले दिन अभिनेताओं ने रातवाली पोशाकें फिर पहनीं और एक साथ फोटो खिंचाया। फोटो और नाटक की प्रतिलिपि लल्लू के भाई शिवप्रसाद यादव के यहाँ सुरक्षित रहीं। वहाँ से प्राप्त करके 1992 में वे 'सचेतक' में प्रकाशित की गयीं।

35-36 के बाद मैंने कुछ समय तक कविताएँ लिखीं, दो-एक नाटक भी लिखे। फिर यह सिलसिला बंद हो गया। उपन्यास लिखने की बात भी कई बार सोची पर दूसरे कामों में फँसा रहा। इन सब कामों से मुक्त होकर वह सिलसिला फिर शुरू करने का विचार है

—रामविलास शर्मा

सी-358, विकासपुरी,
नई दिल्ली
12 नवंबर, 1993

कविता-क्रम

हम गोरे हैं

यह दुनिया चक्कर खाती है, दिन आते हैं, दिन जाते हैं।
जायेगा यह भी आज का दिन, कहते हैं जब हम गोरे हैं॥
बिन शौच किये रहते हरदम, पानी भी देख इन्हें जमता।
घर में तो ऐसी हालत है, फिर भी कहते हम गोरे हैं॥
इनके क़ाले कामों को लख, स्याही मल दो इनके मुँह में।
फिर भी गर इनसे पूछोगे, उत्तर देंगे हम गोरे हैं॥
ईश्वर के यहाँ पै रिपोर्ट हुई, ईश्वर ने डाँट डपट भी की।
मनहूस वहाँ भी कह बैठे, तुम काले हो हम गोरे हैं॥
ये गोरे गाँठ के पूरे हैं, देने में बिल्कुल कोरे हैं।
बातों के झूठे कह देंगे, सबसे ज़्यादा हम गोरे हैं॥
लोगों ने इनको देखा है, और इनकी शामत आयी है।
लातें खा लौटते जाते और कहते एक्सक्यूज़ हम गोरे हैं॥

(१९२९)

प्रश्नोत्तर

प्रश्न : इस अपार संसार सृष्टि के बीच में
प्राणी आकर जहाँ मोद पाता सदा,
मधुर प्रेम परिपूर्ण जलधि गंभीर सा,
आह्लादों का केन्द्र जगत् में गेह है!
जीवन में गृह ही सुख का सामान है,
मानव उसको जाने या जाने नहीं।
कठिन वियोग कसौटी पर चढ़कर किसे
कहो न सुधि आयी हो इस मृदु गेह की?
शिशुता सरल विकसती खिलती है जहाँ
धीर प्रबुद्ध वृद्धता करती वास है,
प्रेम प्रिया के अधरों पर है नाचता।
क्या न कुटुंब असार जगत् का सार है?
युवक! कुटुंब तथा उस गृह को छोड़ के
और जगत् में कहो ढूँढ़ने क्या चले?
जीवन तरणी इस संसार समुद्र में
इस आलोक बिना होवे पथभ्रष्ट ना?

[इसके बाद का एक पृष्ठ, जिसमें ६० पंक्तियाँ थीं, खो गया है।]

उत्तर : समय नहीं है अभी—बहाना है बड़ा!
समय स्वयं ही आ जाता जो जगत् में
क्यों होते उत्पन्न जीव पुरुषार्थी?
समय स्वयं आ सभी कार्य करता स्वयम्!
हम में यदि प्रतिहिंसा का वह वेग है,
क्रांतिमंत्र से यदि हम दीक्षित हैं हुए,
हँसी उड़ाना क्या बिगाड़ सकता कहो?
शत्रु-प्रहार समान इसे भी सहेंगे।

शुभकर्मों में सदा प्रथम हँसते सभी,
होगा जन-समुदाय प्रसन्न, न सोच के
चलते हैं नरश्रेष्ठ कार्य करने कभी।
लक्ष्य अलौकिक उनका रहता और है।

प्रश्न : एक बार फिर भी जी भर कर सोच लो,
कठिन क्रांतिपथ है विपदाओं से भरा।
एक ओर है अमी कुंड की माधुरी
तथा दूसरी ओर हलाहल-तीव्रता!

उत्तर : निज पथ पर आरूढ़ पथिक रहता सदा
सुंदर उपवन-वन उसको सब व्यर्थ हैं।
निज पथ पर विष भी अमृतोपम है उसे,
उससे भ्रष्ट अमी भी विष से है बुरा!

प्रश्न : युवकों का है रक्त सदा मद से भरा,
तनिक तनिक सी बातों पर है खौलता।
युक्तिपूर्ण ये बातें भूलें ना कहीं
बंदीगृह की दीवारों को देख के।
देखी है तुमने क्या नग्न नृशंसता?
भ्रष्टाचार? अमानुषीय निर्लज्जता?
मानवता की हत्या? भीषण क्रूरता?
ताण्डव अत्याचारी का देखा कभी?

उत्तर : जब तक इस जग में यह अत्याचार है,
जब तक इस जग में ये पीड़ित हैं बने,
तब तक कैसे दुखी हृदय को शांति हो,
जब तक दुःख अशान्ति यहाँ पर हैं बने?
आज हृदय अत्याचारों को देख के
तप्त तवा सम तप-तपकर जो हो गया,
अत्याचार अधिक होने पर क्यों न वह
अधिक तपेगा? वह्निरूप होगा न क्यों?
यदि यह हृदय-हृदय है, इस पर दाग जो
मातृरक्त के पड़े हुए मिथ्या नहीं—
तो यह युवक मातृअंचल को शत्रु के
रक्त में भिगोकर ही पावे शांति को!
अथवा इस परतंत्र वीरनरभूमि में

एक और माता की खाली गोद हो!
एक और मुग्धा कातर पति विरहिनी
का शुभ भाल सिंदूर सदा को लुप्त हो!
एक पिता हो जावे वंचित पुत्र से!
एक और भाई भाई को खो सके।
एक मित्र हो मित्रहीन संसार में!
एक कीट पृथ्वी का पृथ्वी में मिले।
त्रस्तु शत्रु हों किंतु क्रूरता दूर हो।
साम्य समक्ष असीम विषमता दूर हो!
कायरता हो दूर! दासता दूर हो!
दुखी सुखी हों सभी देश भरपूर हो!
चिरजीवी हो क्रांति, विजय हो सत्य की!
चिरजीवी वीरता रहे इस देश की!
चिरजीवी ये भाव हृदय में हों भरे,
नश्वर नीच शरीर रहे या ना रहे!

(१९३०)

समर गान

समर भूमि जावेंगे
समर गान गावेंगे,
देश की पताका आज
देश-देश में उड़ावेंगे।
दूर दासता करेंगे,
प्राण शत्रु के हरेंगे,
मातृऋण से तो आज
होके उऋण रहेंगे।
आज खेल वो करेंगे,
देख शत्रु जो छकेंगे,
देशमाता के लिए तो
आज लड़ेंगे, मरेंगे।
चलो युवक चलेंगे,
युद्ध भीषण करेंगे,
मातृबंधन को आज
हम तोड़ के रहेंगे।

आज शत्रुओं के हम
करें ऐसा नाकों दम
भूल कर इस ओर
फिर कभी न आवेंगे।
छोड़ो वीर आज दंभ,
बोलो जय-जय अंब,
आज तेरे लिए प्राण
ये निछावर करेंगे।
प्राणों के रहते दम
तक बने मलखंभ
वीर धीर हम आज
रणभूमि में डटेंगे।

ले लो गोला गोली बम,
करो कूच एकदम,
बोलो वीर एक बार,
या तो मारेंगे मरेंगे।

रणभेरी ध्वनि सुन
चलो चलो वीरगण,
तुम देर जो करोगे
शत्रु सजग होवेंगे।
देशभक्त हों प्रसन्न
बार-बार जिसे सुन
स्वर्ग मध्य हम आज
वह कारज करेंगे।
होके पुलकित मन
सब वरषैं सुमन,
देव चढ़के विमान
युद्धभूमि को चलेंगे।
गये क्रूरता के दिन,
गये दासता के दिन,
वीर होके रणधीर
हम दास न बनेंगे।

आया युद्ध का समय
बनो वीर छोड़ भय,
हम वीरों की सन्तान
वीर होके ही रहेंगे।
जीत होवेगी निश्चय,
होगी शत्रुओं की क्षय,
जब सत्यकेतु लेके
रणभूमि में बढ़ेंगे।
परतंत्रता की क्षय,
हो स्वतंत्रता की जय,
बोलो वीर एक बार,
शत्रु सुनके डरेंगे।
मातृभूमि की हो जय,
साम्यवाद की हो जय,
छोड़ दासता को आज
ही स्वतंत्रता लहेंगे।

(१९३०)

नवयुवक शक्ति

बीती सदियाँ पर यह भारत देश हमारा
सोता क्यों परतंत्र अभी तक बिना सहारा?
हे नवयुवको! देखो अपना भारत प्यारा
पराधीन है दीन-दुखी यह देश तुम्हारा!
नवयुवक शक्ति ओ राष्ट्र की क्या न जगी है देश में?
हा राष्ट्रशक्ति तू सो रही कहाँ और किस वेश में?

कैसे ओ नवयुवक नपुंसक आज बने हो?
तुममें है पुरुषार्थ, विकट वीरता भरे हो।
भीष्म तुम्हीं हो कृष्ण, कर्ण, अर्जुन सम तुम हो।
वीरों की संतान वीर रिपुमर्दन तुम हो।
यह छोड़ो झूठी क्लीबता, उठो गरज तुम देश में।
है कौन शक्ति नवयुवक को जो रक्खे इस वेश में?

बूढ़े बाबा रटा करेंगे शांति शांति को।
युवक रटेंगे एक मंत्र बस क्रांति क्रांति को।
करो युवक अब नष्ट शांति की व्यर्थ भ्रांति को।
हृदयों में सबके फूँको बस एक क्रांति को!
होकर सशस्त्र आगे बढ़ो, नष्ट करो इस जाल को।
हम युवक शांति को यदि जपें देश न जाय पताल क्यों?

युवक शक्ति पर देशोन्नति निर्भर रहती है।
राष्ट्रशक्ति नवयुवक शक्ति में ही बसती है।
व्यर्थ शांति की भ्रांति देश पर जो छायी है,
देशपतन की युवक शक्ति उत्तरदायी है!
उत्तरदायित्व विचार निज उठो युवक अब सो चुके!
अब भी सोये यदि शांति से तो स्वतंत्र तुम हो चुके!

(१९३०)

मेरा झाँसी देएँगा नहीं

डलहौजी हिन्दुस्तान आया,
झाँसी को लख मन ललचाया,
उसने अपनी सारी माया,
छलबल झाँसी पर अज़माया,
पर रानी ने भी डाँट दिया,
मेरा झाँसी देएँगा नहीं।

यह सुनकर वह निज कानों से
बोला साथी शैतानों से,
धन के पीछे दीवानों से :
निकले ये शब्द हैं बाणों से
क्या भारत की संतानों से—
मेरा झाँसी देएँगा नहीं?

हाँ, भारत तेज गया न कहीं,
भारत का पौरुष नष्ट नहीं,
आरत भारत भयभीत नहीं,
वीरों की जननी भूमि यहीं,
सुन पड़ती है जो पुकार कहीं—
मेरा झाँसी देएँगा नहीं!

यह रवि होता है अस्त अहो!
इसके स्वर्णाञ्चल में देखो,
झाँसी के वीर बुँदेलों को
मरहट्टे और पठानों को,
एकत्रित हैं सब सुनने को
मेरा झाँसी देएँगा नहीं!

यह विद्युत सी तेगें चमकीं,
घनगर्ज सी ये तोपें गरजीं,
गोले फूटे, गोली छूटीं,
धारा रिपुरुधिर की खूब बहीं,
योद्धा बोले उन्मत्त कहीं—
मेरा झाँसी देएँगा नहीं!

अन्यायी रक्त बहाने को,
वसुधा को फिर नहलाने को,
सैनिक उत्साह बढ़ाने को
विप्लव का राग सुनाने को,
माँ ने गाया इस गाने को—
मेरा झाँसी देएँगा नहीं!

हा धूर्तों की उन चालों से
घर फूँक दिया घरवालों ने,
झाँसी तू भी चंडालों से
हा भ्रष्ट हुई इन लालों से,
हा शब्द कहाँ वह कालों के—
मेरा झाँसी देएँगा नहीं?

वर विप्लव के परिचायक वे,
वीरों के भाग्यविधायक वे,
वीरत्व भरे, स्वाभाविक वे,
हैं शब्द बड़े सुखदायक वे,
हैं देश के धन, प्राणाधिक वे—
मेरा झाँसी देएँगा नहीं!

अब भी जब विस्मृत सी स्मृति में
ये शब्द आते हैं याद हमें,
अंधड़ सा एक मरुस्थल में
उठता है इस वक्ष:स्थल में
विप्लव का राग सुनो इनमें—
मेरा झाँसी देएँगा नहीं!

(१९३०)

बुद्ध-वैराग्य

एक समय था थे विशाल नभचुम्बी धवल हिमाचल शृङ्ग।
पापहारिनी अमृतमयीं थीं गोदावरी-सरस्वति-गङ्ग।
चूम चूम तव चरन नीरनिधि गरज गरज करता अभिमान।
एक समय था हरा भरा भारतभू तेरा भी उद्यान।
उसी समय तेरी गौरव-गाथाओं का होता निर्माण।
पुष्यमयी करते वाणी हैं आज सुकवि कर जिनका गान।
भारत वसुन्धरा का ही था एक रत्न वह राजकुमार।
थे जिसके प्रासाद अतुल वैभव-विभूतियों के आगार।
जीवन-मरन-जरा यौवन-सुख-दुख-मय यह अनित्य संसार।
इसी विषय पर रहता था चिन्तित निशिदिन वह राजकुमार।
सुख-सँदेस दुखियों को लाने, लाने ज्ञान-ज्योति संसार।
चला एक निशि वन तज कर सोते स्त्री-सुत वह राजकुमार।
मायातम में दुखी जनों को उसने ही फिर किया अशोक।
अस्थिर जग में फैलाया उसने ही सुस्थिर ज्ञानालोक।
ब्रह्मदेश नेपाल श्याम औ लङ्का द्वीप चीन जापान।
पैंतालीस कोटि जन करते जिसका ईश्वर सम सम्मान।
जिसने किया अविद्यामय जग में ही संभव पद-निर्वाण।
हुआ लौट कर वही विपिन से जग-विख्यात् बुद्ध भगवान।

पार्वतीय नेपाल जहाँ करता है भूषित भारत-भाल
एक समय थे वहीं गगन-चुम्बी हिमगिरि के शिखर विशाल।
इन शृङ्गों के कटि-प्रदेश में फैला हुआ एक वन घोर।
ऊँचे विटप-समूह सघन छाये थे जिसमें चारों ओर।
निशि का प्रथम प्रहर था, तरुतल घटाटोप था तिमिर-प्रसार।
ऊपर छिटक रहे थे नभ में पर उज्ज्वल नक्षत्र अपार।
निर्मल झीलों में प्रतिबिम्बित होते मोती से अनमोल।

कभी कभी सिहरा देता जलतल थिर मन्द पवन पर डोल।
निज निज खोह-गुहाओं में सब दिन की दौड़धूप से श्रान्त
बाट जोहते थे अरण्य-पशु निद्रा की इस बेला शान्त।
करते वृक्षों पर सहसा उत्पात कभी शाखामृग बाल।
फट् फट् शब्द तुमुल कलकल मिल करते वनविहंग उस काल।
शान्तिभङ्ग से क्रुद्ध गरजता जो भयकर स्वर में वनराज
सहम जहाँ का तहाँ अचल रहता पशुओं का भीत समाज।
छह सहस्र-से अधिक वर्ष बीते इस वन से ही रमणीय
घिरी हुई थी चमक रही अलका सी कपिलवस्तु कमनीय।
कोटि कोटि मणिदीप प्रभामय करते थे निशितम का नाश।
दिनमणि का सा ही फैला था नगरी में सर्वत्र प्रकाश।
ऊँचे ऊँचे धवल भवन करते थे रजत-प्रभा को मन्द।
विचर रहे थे विविधि नागरिक राजमार्गों में स्वच्छन्द।
कहीं मन्दिरों में होता था घण्टा-ध्वनि सँग आरति-गान।
विशद सभाएँ कहीं सुन रहीं थीं द्विजवर से कथा पुराण।
कहीं जुड़े थे धनिक रसिक जन नव नर्तकिया भरे उमंग
थिरक थिरक कर नाच नहीं थीं, मोड़ मोड़ निज सुन्दर अंग।
मधुर मधुर नूपुर-ध्वनि उठती थी नाना वाद्यों के संग।
पुलकित होते दर्शक सुन, वीणा सारंगी झाँझ मृदंग।
सुख-शोभा-विलास सामग्री-युत प्रशांत वह शयनागार
सोते थे जिसमें नित राहुल यशोधरा संग राजकुमार।
बिछे फर्श पर थे नाना विधि चित्रित कोमल पाट दुकूल।
वैसी छत में लगी चाँदनी थी मणिमण्डित शोभामूल।
एक विमल बहुमूल्य श्वेत प्रस्तर की प्राचीरें सुविशाल
होती थी मणिदीप ज्योतियों की जिनमें प्रतिबिम्बित माल।
जगविख्यात कलाकारों के रक्खे हुए अनूठे चित्र,
खान पान शृङ्गार वस्तुएँ भी थीं जहाँ सजी एकत्र।
ला गवाक्षद्वारों से नव-कुसुमित कलियों का सौरभ-भार
भर देती थी शयनकक्ष को शीतल मन्द बसन्त बयार।
कोमल तोशक तकियों सँग थीं बिछीं यहाँ पर सेजें तीन।

खिले हुए फूलों सी सुरभित शीतल सुखप्रद पाँसुविहीन।
एक सेज पर सुधि बुधि भूला सोता था राहुल सुकुमार।
घेर चन्द्रमुख को काली धुँधराली अलकें करतीं प्यार।
मीठे स्वप्न देख जो शिशु करता मीठी मीठी मुस्कान
नीचे के दो दाँत झलक जाते थे हिम-कर-किरण समान।
एक श्वेत साड़ी पहिने धारण कर कुसुमाभरण ललाम
अन्य सेज पर पुत्रवती थी यशोधरा बैठी छविधाम।
प्रेम सरलता सुन्दरता से पूरित काले नयन विशाल,
लोल कपोल, सुडौल नासिका, चिबुक मनोहर अधर रसाल।
यशोधरा की ओर मुख किए इतर सेज पर राजकुमार
बैठे हुए विकल भौंहों पर किसी कठिन चिन्ता का भार।
कण्ठ चूमते थे आ मणिधर से काले घुँघराले बाल
अधिक दीप्त होता था जिससे नभ में पूर्णचंद्र सम भाल।
छलक रही थी दो निर्मल नयनों में समवेदना अपार
लहरें लेते हों मानों दो अमर प्रेम के पारावार।
प्रभा अलौकिक थी, वक्षःस्थल पर कोमल कुसुमों का हार
उतर स्वर्ग से आ बैठा हो, मानों कोई देवकुमार।

बोली यशोधरा साहस कर, विकल देख पति, ''प्यारे,
कारण क्या है आज विकल बैठे हो यों मनमारे?
दुखी हृदय चिन्तित से ही तुमने था भोजन खाया।
नर्तकियों का नृत्य-गान भी तुम्हें नहीं कुछ भाया।
बार-बार वेदना-व्यथित से राहुल वा मुझको क्यों?
ले ले कर गंभीर उसाँसें देख रहे हो तुम यों?''
स्वप्न देखते थे कुमार यह सुनकर मानों जागे।
विह्वलप्राणा यशोधरा देखा है बैठी आगे।
हृदय-वेग को थाम मधुर स्वर में बोले यों धीरे,
''दुखी न हो, हे प्रेम उदधि के उज्ज्वल अनुपम हीरे।
तुच्छ सभी जग की विभूतियाँ एक प्रेम ही धन है।
हो कुबेर भी प्रेम बिना तो निर्धन अति निर्धन है।
आशाहीन मरुस्थल था सूखा यह जीवन सारा।
आन बहाई जिसमें तुमने स्वर्ग-सुधा की धारा।
जरा-मृत्यु औ' रोग-शोक पर रहते जिस भूतल में

कैसे वास करेंगे सुख आनन्द शान्ति उस थल में?
नाशवान है जग, अस्थिर है प्रेम, क्षणिक जीवन है।
एक सत्य है मृत्यु, सृष्टि का वा चिर परिवर्तन है।
आज जहाँ गर्वित सम्राटों के क्रीड़ा मन्दिर हैं
कल देखो तो शेष वहाँ कुछ फूटे से खँडहर हैं।
गया घूमने था रथ पर चढ़ आज साँझ की बेला
चकित रह गया देख मार्ग में एक अनोखा मेला।
कन्धों पर जन चार किसी का शव धर मसान जाते
'राम राम है सत्य' निरन्तर मुख से थे यह गाते।
आते थे विलाप करते पीछे सम्बन्धी साथी,
केश खींचते , रोते, करते हाय, पीटते छाती।
ज्ञानी ज्ञान सिखाते, कर सकते न शान्त पर मन को,
बारंबार पुकार रहे थे दुखी मृतक प्रिय-जन को।
बोला मैं यह दृश्य देखकर भूल ज्ञान निज तन का,
यही यही क्या अन्त हाय इस सुन्दर नर जीवन का?
कहाँ, कहाँ वह प्रेम, कहाँ यौवन, वे अभिलाषाएँ?
हृदय-सिन्धु की तरल तरंगित सुखदायी आशाएँ?
हुई समाप्त सुरा अब टूटेगा यह छूँछा प्याला,
धधक उठेगी नदीतीर जब घोर चिता की ज्वाला।
प्राणिमात्र ने अथवा दुख में जिसको सदा पुकारा,
वही राम है सत्य, दुखी हृदयों का एक सहारा?
किया राम ने दूर न पर हा कभी मनुज-शोकों को,
प्राणनाशिनी अमर व्याधियों जरा मृत्यु रोगों को।
नत मस्तक कर जोड़ त्राहि करते मानव ईश्वर से
हुई न होगी दयादृष्टि पर कभी शून्य ऊपर से।
सत्य, सत्य है, सत्य कहीं इस अस्थिर परिवर्तन में?
अथवा अटल विषाद भरा इस क्षणभङ्गुर जीवन में?
सोच रहा हूँ, यशोधरे, तब से जग की अस्थिरता
व्यथित कर रही है प्राणों को, यह चिन्ता आकुलता।"
यशोधरा बोली यह सुन—"प्रियतम धर धैर्य विचारो।
वक्ष:स्थल से चिन्ता का यह भारी बोझ उतारो।
माया-जग में एक प्रेम ही सत्य अमर सुन्दर है।
धर्म कर्म यम नियम प्रेम ही, प्रेम एक ईश्वर है।

एक प्रेम ही सरस बनाता इस नीरस जीवन को।
प्रेमहीन यदि सत्य, कौन लेगा उस सूखे धन को?''
''प्रेम, प्रेम ही सत्य आह स्थिर यदि जगती में होता
क्यों न मनुज उस विमल सिन्धु में निज भय शोक डुबोता?
अस्थिर जब प्रेमी ही हो तब प्रेम कहो क्यों स्थिर हो?
मर्त्य शरीर जन्म दे सकता है क्या प्रेम अमर को?
जली चिता, फूँका शरीर, जब फेंकी राख नदी में,
यशोधरे, तब कहाँ रहा वह अमर प्रेम प्रेमी में?
रस पराग से भरे कुसुम ये कभी नहीं कुम्हलाये,
फूले सरस रहेंगे पर तब तक यों शोभा पाये?
खो देंगे प्रभात होते निज सौरभ और मधुरता,
इसी भाँति चञ्चल सब मानव-प्रेम और सुन्दरता!
जरा मृत्यु तुझको भी घेरेंगे आकर सुकुमारी,
फीकी होगी इस प्रफुल्ल चन्द्रानन की छवि प्यारी।
रक्त अधर नीरस होंगे सित केश भ्रमर से काले,
ज्योतिहीन होंगे विशाल दृग यौवन मद मतवाले।
शिथिल उरोजस्थल होंगे फीकी होगी सब माया।
एक अस्थि कङ्काल शेष होगी यह कंचन काया।
चिताज्वाल में जल होगा तन छार एक दिन तेरा।
जीवमात्र का अन्त यही है, यही अन्त भी मेरा।
आज कर रहे जिनमें प्राण-स्पन्दन भरी उमंगे,
एक दिवस उनको ही वहन करेंगी गंग-तरंगे।
अस्थिर तू, अस्थिर मैं, अस्थिर सुख संयोग हमारा।
चिर वियोग ही एक अटल जीवन-निशि का ध्रुवतारा।''
यों कहते कुमार के मुख पर घोर विकलता छाई।
भावी मृत्यु नृत्य करती नयनों के सम्मुख आई।
साहस कर फिर खड़े हुए, उन्नत कर वक्ष:स्थल को,
जाने को हो वन मानों गजराज तोड़ बन्धन को।
यशोधरा भी सोच विकल थी भावी जरा मरण को,
अधिक दुखी थी किन्तु देख व्याकुल निज जीवन धन को।
खड़े झरोखे के समीप थे उसके हृदय-दुलारे,
देख रहे थे विस्तृत नील गगन के झलमल तारे।
बोले—''हे पाषाण-ज्योतियो, कब से यों ही स्थिर हो?

मर्त्य भूमि पर युग बीते, फिर भी इतनी सुन्दर हो!
रूप गर्व खो जलीं चिता में कितनी जग सुन्दरियाँ,
आदि काल से ही करतीं पर तुम नभ में रँग-रलियाँ।
अमर रूप से भरी अचेतन प्रकृति सभी सुन्दर है।
सुन्दर नील गगन तारे, सुन्दर शीतल हिमकर है।
सुन्दर हैं हिमवान, स्वर्ग सी भारत-भू सुन्दर है।
मनुज-हृदय ही एक करुण पीड़ा-क्रन्दन का घर है।
मैं भी होता एक नील नभ का यदि उज्ज्वल तारा,
प्राणों में बहती न उमड़ यह अतुल वेदना धारा।
हृदयहीन हो जग का सुख अनुभव कैसे कर पाता?
क्षणभङ्गुर मानव-जीवन से पर सुख का क्या नाता?
मरु-मरीचिका सम सुदूरवर्ती ही सुख उज्ज्वल है।
दुखित जनों के मन बहलाने को यह मिथ्या छल है।
रहा निरोग कौन नित? दुखद जरा ने किसे न घेरा?
मृत्युञ्जय हो सदा जगत् में किसने किया बसेरा?
जल थल नभचर अचर सृष्टि की किसने भेदी माया?
आशालता-सुमन-सुन्दर-सुख को किसने फिर पाया?
सुना तुम्हारे ऊपर तारो, एक लोक सुन्दर है।
छाया रहता सतत जहाँ आनन्द अनन्त अमर है।
बारह मास वसन्त एक शृंगार प्रकृति का करता।
सदा प्रफुल्ल प्रसून-किसलयों में सौरभ-रस भरता।
धारण करतीं फल रसाल जिसकी झुकती शाखाएँ
हरित पादपों का आलिङ्गन करतीं कुसुमलताएँ।
मन्दाकिनी-कमल-रस भौंरे गूँज गूँज कर पीते,
नृत्य गान कर मधु पीने को ही मानों वे जीते।
मलय-पवन ही एक डोलती जहाँ मन्द शीतल है।
विविधि-मधुर-गन्धर्व-गान-ध्वनि-पूरित जो सुख-थल है।
अमरयौवना वहाँ अप्सराओं सँग देव विचरते।
पी पी स्वर्ग-सुधा मतवाले हो हो क्रीड़ा करते।
भेद गगन पहुँचीं न वहाँ इस शोकभूमि की आहें।
सुखलोभी ही क्यों दीनों की ओर देखना चाहें?
शासक इस सुन्दर सुरपुर का है त्रिभुवन का स्वामी,
शीश झुका कहते नर जिससे तारो अन्तर्यामी,

तारेगा दुखियो तुमको वह अमर लोक का वासी?
मर्त्यों, तुम्हें स्वर्ग देगा वह चिदानन्द अविनाशी?
लोक लोक का एकमात्र शासक वह स्वेच्छाचारी
अखिल सृष्टि का अणु अणु भी है जिसका आज्ञाकारी।
सृजन किया इस भव-बन्दीगृह को उस लीलामय ने।
असह कष्ट सहने ही भेजा तुम्हें यहाँ निर्दय ने।
नीचे दुस्तर नीरधि, ऊपर विस्तृत नील गगन है।
अरे बन्दियो, द्वार बन्द सब, मुक्ति नितान्त कठिन है।
दुब पाने को ही जन्मे, आजीवन दुख पाओगे।
शीलहीन यों ही निराश दुख सह सह मर जाओगे।
शत-शत बलिपशुरक्ता न तृप्त करेगा उसके जी को।
मुक्ति न देंगे जप तप पूजा वन्दन ध्यान किसी को।
कैसा निर्मम कौतुक है यह तेरा क्रूर विधाता?
देख अनन्त प्राणियों को दुख पाते तू सुख पाता!
कैसा क्रूर विधाता पर? यह तो सब कल्पित माया!
क्रन्दन वन्दन कर ईश्वर से किसने सुख-दुख पाया?
मिथ्या स्वर्गलोक, मिथ्या जग का स्वामी ईश्वर है।
एक सत्य यह प्रकृति सनातन ही प्रत्यक्ष अमर है।
स्वर्ग इसी में ईश इसी में बन्धन मुक्ति इसी में।
विषम तामसी मायावृत सद्ज्ञानालोक इसी में।
हो न निराश विश्वजीवो यह देख अभेद्य अँधेरा।
दूर न मंगल ज्ञान प्रभा पुलकित प्राचीस्थ सबेरा।
भूलो कायरता निर्बलता के स्वामी ईश्वर को।
ज्ञान-पियासा शमन-हेतु उस मिथ्या मृग मरुसर को।
बन्धन कठिन तुम्हारे कोई मानव ही काटेगा।
आशा प्रेम शान्ति चिरसुख से निखिल विश्व पाटेगा।''

शान्त हुए यों कह प्रसन्नमुख नृपकुमार तेजस्वी।
सिद्धि-स्वप्न हो देख मुद्रित ज्यों कोई तरुण तपस्वी।
अचल शान्ति थी राजमार्गों में इस बेला छाई।
चपल-ताप्ती-कल-गर्जन-ध्वनि पड़ती एक सुनाई।
उदित हुआ हिम-किरण बिम्ब प्राची के व्यथित उदर से
हरने लगा नैशतम सुधामयी निज ज्योति मधुर से।
बोले राजकुमार, प्रिये, सोओ आधी निशि बीती।

यह सुन उठी खिन्नहृदया सुकुमारी अलसाती सी।
निज सुखशय्या पर सोते राहुल को आन सुलाया,
अचिर सुखद विश्राम स्वयं भी यशोधरा ने पाया।

सोच रहे थे इसी रात्रि को पर कुमार वन जाना।
आकुल करने लगीं हृदय फिर से चिन्ताएँ नाना।
सम्मुख सोती थी कोमल शय्या पर सरला बाला।
चन्द्रवदन को घेरे थी कुञ्चित अलकों की माला।
निर्मल थी वह पुण्य प्रभा मण्डित आकृति अभिरामा।
पति के अटल प्यार में भूली सोती बेसुध बामा।
आया विशद स्वयंवर-थल सहसा नयनों के आगे।
विविधि नरेश कुमार, कुमारी के यौवन-रस-पागे।
चञ्चल वाजि मत्त गज द्रुत रथ चपल-पताका-धारी।
भेरी दुन्दुभि पटह जुझारू बाजों का रव भारी।
तोभर मुद्गर शूल परशु असि वीर कुमार चलाते।
ले धनुशर थे लक्ष्य बेधते कर-लाघव दिखलाते।
सुन पड़ती टङ्कार घोरतम किसी प्रचण्ड धनुष की।
बनी संगिनी थी विजयश्री अविचल किसी पुरुष की।
था उल्लसित किसी का वक्षःस्थल नव गौरवशाली।
मुग्धा स्वयंवरा ने जिस पर वरमाला थी डाली।
यहीं शयन-मन्दिर सुहागिनी जहाँ प्रथम निशि आई,
सज आभूषण वसन लजाती नवयुवती छवि छाई।
यहीं हृदय ने बहुत दिनों भी सञ्चित प्यार जनाया।
निश्छल था, थी ज्ञात न तब जग की यह अस्थिर माया।
सरल स्नेह की मूर्ति अलौकिक सोती सुन्दर कैसे,
प्रेम सिखाने ही आई हो मृत्युलोक में जैसे।
पल भी किया न दूर मुझे जिसने निज अन्तस्तल से
सोती आज उसे ही क्या जाऊँगा तज वन छल से?
इस निर्दोष कुसुम को मल जग में चिर सुख लाऊँगा?
इसे दुखी कर वन में अविचल शान्ति ज्ञान पाऊँगा?
लोट रहा देवी के चरणों पर निर्मल मन मेरा।
विश्वपावनी प्रेमज्योति क्या यह प्रभाव है तेरा?
कृष्ण नीरदों पर बहुरंगी इन्द्रधनुष सा प्यारा

क्षणिक किन्तु उतना ही सुन्दर जीवन सरस हमारा।
क्षणिक, इसी से मूल्य अधिक है, व्यर्थ न जाने देना,
आया अवसर एक बार, जीभर जीवन-रस लेना।
कहती क्या वह स्वर्गद्वार से मञ्जुहासिनी आशा?
पियो प्रियाधर-रस भूलो जग की वेदना निराशा।
भूलें रोग शोक क्या? भूल सुखी हों क्रूर निधनता?
होगा बलिपशु भी क्या सुखी मृत्यु की घड़ियाँ गिनता?
बने सुकोमल कुसुम यहाँ मधु पूरित कुम्हलाने को।
बना रूप यौवन सब काल व्याल के ही खाने को।
कैसे मनुज सुखी हो फिर जब अन्त बदा दुख पाना?
सच्चा ज्ञान नहीं, इन अथिर सुखों से जी बहलाना।
झूठी निशि-वैताल-जाल सी आशा की ये किरणें।
आईं सत्य मार्ग से मन-पन्थी को विचलित करने।
क्षुद्र स्वर्ग सा नहीं विश्व क्रीड़ाथल मनभावन है।
यह निःस्वार्थ विराग त्याग का कर्मक्षेत्र पावन है।
जन्मा नहीं प्रिया सँग केलिकलह कौतूहल करने।
रोग भोग शय्या पर तुच्छ अकिञ्चन घुल-घुल मरने।
एक शान्ति सन्देश मुझे दुखियों को यहाँ सुनाना।
चिर सुख आशा प्रेम अमर जीवन वसुधा पर लाना।
किसी शुभ घड़ी सिद्ध तपस्वी वन से जब आऊँगा,
वर्षों का दुखसञ्चित धन सद्ज्ञान साथ लाऊँगा,
तनकाषाय वस्त्रशोभी, सुखदुखज्ञानी संन्यासी,
विमल प्रसन्नमूर्ति, मुखमण्डल अरुण किरण छविभासी,
स्वागत हेतु खड़ी होगी सन्ध्या अस्ताचल जाती
प्रेम राग रञ्जित, भर कर युग स्वर्णरेणु बरसाती,
दुखी विश्व के श्रुति-कुहरों में मुक्ति कथा-रस धारा
बरसा दूँगा।—नव जीवन जीवित होगा जग सारा।
गोधूली की बेला सुन मुख शान्तिमयी वह वाणी।
अजर अमर निर्भय निरोग होंगे भूतल के प्राणी।
सारहीन यह भी हो आशा-स्वप्न कौन पर जाने।
आया हो प्रिय यशोधरा से मुझे दूर ले जाने।
प्रातः काल अबोध उठेगी जब निद्रालसमाती,
सूनी शय्या देख अचानक धड़क उठेगी छाती।

होगी क्या न वियोग-बावली यशोधरा उस क्षण में?
कौन बँधावेगा धीरज, होगा प्रेमी जब वन में?
सोच रहा हूँ किन्तु वृथा ही क्यों मैं ये सब बातें
जीवन अन्त वियोग अटल जब, अस्थिर सुख की रातें?
मानव दुखी पुकार रहे हैं, जीवनदाता आओ।
लाओ शान्ति विश्व में, असह दुखों से हमें छुड़ाओ।
बीत रहा तीसरा प्रहर यह, चपल वसन्त रजनि का।
छिपा अभी प्राची के अञ्चल में प्रकाश दिनमणि का।
सोती यशोधरा सोते प्रहरी निद्रालसमाते।
चलूँ शीघ्र वन, अवसर यह, सब तोड़ प्रेम के नाते।
रहा नहीं तेरा ही एक प्रेमधन मैं सुकुमारी।
मानवमात्र हुए हैं उसके आज प्रिये अधिकारी।
यह कठोर कर्त्तव्य विश्वसुखहेतु पड़ रहा करना।
अखिल विश्व में तू भी यही सोच मन धीरज धरना।
ठहरूँ और न , समय नहीं, सोते से यदि यह जागी।
जा न सकूँगा वन तज पीछे रोती दुखी अभागी।
लो निहार लोचन यह छवि मृदु अन्तिम बार प्रिया की।
रहे हृदय-मन्दिर में अमर प्रेम की सुन्दर झाँकी।
एक मधुर स्मृति-चुम्बन अधरों का—फिर प्रिये विदा दे।
धीरे—धड़क न वक्ष:स्थल—बस विदा सप्रेम विदा दे।
यशोधरे कायर हूँ छोड़ तुझे यों हूँ वन जाता।
करना क्षमा दुखी निज पति को, मान प्रेम का नाता।
पुण्य मूर्ति प्राची में नव ऊषा सी तू सुन्दर है।
भक्तिभाव से देवी नत चरणों पर तेरे शिर है।''

बैठे चरणों के समीप, नृप सुत वियोग-रस साने।
झर्झर बरस पड़े आँखों से आँसू विकल न माने।
फूट पड़ीं सिसकियाँ हृदय से दबती थीं न दबाये।
साहस ज्ञान विराग अटल धीरज कुछ काम न आये।
जागा सोता प्रेम, लगा निज अतुल-प्रभाव दिखाने।
छोड़ वियोगी कौन, कठोर विछोह-व्यथा को जाने?
चौंकी सहसा यशोधरा आकुल सी सोते सोते।
सहमे, कुँवर हुए चुप प्रबल सिसकियाँ आँसू रोके।

सोई पल में किन्तु प्रथम सी बाला वह जैसे ही,
खड़े हुए ले एक शान्ति-निःश्वास कुँवर वैसे ही।
राहुल-यशोधरा के मुख को क्षणभर रहे निरखते,
हुए दूसरे क्षण बाहर उस शयनागार सुखद के।
बारंबार उमड़ते आँसू रोके अन्तस्तल में,
चले वेग पग धरते परम शान्त उस वैभवथल में।
अस्तव्यस्त-वसना नर्तकियाँ नव सरोज कलियों सी,
विशद नृत्य मन्दिर में इस बेला थीं सुख से सोतीं।
मन्द मलय-मारुत मधुकर सी अलकों से इठलाता,
कभी कपोलों पर ला कभी उरोजों पर बिखराता।
देखा पर इस ओर न राजकुँवर ने, चुप थे जाते।
असह यन्त्रणा से भीतर ही भीतर अति अकुलाते।
कभी चाँदनी कभी दीर्घ प्राचीरों की छाया में
चल पहुँचे थे जहाँ पहरूए निद्रा की माया में।
वृहत् द्वार पर सुधि बुधि भूले मधुर झपकियाँ लेते
हुए देहरी पार कुँवर निर्विघ्न न प्रहरी चेते।
विमल-वसन्त-ज्योत्स्ना में सोती थीं मुग्ध दिशाएँ।
सुखद विजन सी पवन डुलाता कोमल तरु शाखाएँ।
एक विटय के नीचे खड़ा 'छन्न' था आज्ञाकारी।
लाया 'कण्टक' की जिस पर कुमार ने शीघ्र सवारी।
एक बार देखा विशाल मंदिर की प्राचीरों को।
देखा शुभ्र चन्द्र को, फिर नभ के तारक हीरों को।
लगा एंड़ घोड़े को तरल राप्ती नदी किनारे,
चले गये फिर दूर विपिन में यशोधरा के प्यारे।

(१९३३)

गीत

[१]

मानिनि, मेरे मधुवन में,
आना जब नवल प्रणय की
जागे आशा प्रति मन में।

सुन सुन आकुल अलि-गुंजन
खोले कलिका निज दृग-दल,
नभ से आ किरण जगाये
सरती में सोता उत्पल,
जागे नव श्री प्रति कण में।

अधरों पर हास सजाये
सुमनों का, कल खग-रव भर
वाणी में, पहन अनिल का
अंचल, लघु-भार चरण धर,
वन देवी सी निर्जन में।

[२]

मधु के दिन आये,
जल थल नभ में फिर नव
राग रंग छाये।
रवि-कर-चुंबन-विह्वल,
विकसित कलि के दृग-दल
लाज-तुहिन-विंदु कोरकों में भर लाये।

डोली वन में अधीर,
गंध-भार ले समीर;
गूँज मधुर हर्षाकुल चंचरीक धाये।

[३]

मंजरित डाल रसाल की।
सखि, धृत-सुछवि मधु-गंध-आकुल गुंजरित अलिमाल की।

रंगता अरुण-रँग तरुण रवि
मुकुलित नवल कलि-दल मृदुल,
छाई चतुर्दिक भुवन वन
उपवन गगन में श्री अतुल
घन किरण-सुवरण-जाल की।

चिर-पीत-कुसुमासव-अनिल-
चल-विकंपित-शस्यांबरा,
करती तपन-कर-स्पर्श-व्रीड़ा-
चारु-अवगुण्ठित धरा
प्रिय रूप-द्युति निज भाल की।

बैठी किसलयित विटप शाखा
पर विजन में साध स्वर,
गा रही पिक, किसका हृदय
में आज यों अनुराग भर
नव रागिनी मधु-काल की।

[४]

रँग देता मधु-यौवन री,
तेरी अर्द्ध-मुकुल-दल-श्री।

चुन कुछ मृदु रँग अरुण किरण से,
नवल प्राण भर मलय पवन से,
ले नंदन-वन पारिजात से
कुछ रस कुछ सौरभ-धन री।

देख विकास मधुर जीवन का,
प्रकट सुकृत-प्रिय-फल उपवन का,
भूल आज कुछ गूँज रहा रस-
गंध-लुब्ध मधुकर मन री।

[५]

अर्द्ध मधु-यामिनी :
जोहते अथक तव पथ नयन, भामिनी।

चाहता अस्त-छवि चंद्र कर-तूलि से
आँकना एक हिम-विंदु तव अधर पर,
चाहता हरण करना तरल-अंग-श्रम
स्वेद-कण पवन वन-सुमन चिर-गंध-भर,
अलस तनु-वास बन, मंद-गज-गामिनी।

खुले दृग-द्वार री विरह तम-व्याप्त-मम
हृदय-मंदिर, जहाँ मौन भाषा खड़ी
सजाये दुख-ज्वलित प्राण की आरती
गूँथ बहु-भाव-सुप्रसन्न-गुण की लड़ी—
अश्रु-घन-तल्प पर उतर सौदामिनी।

[६]

वर्ष के शृंगार
रच रहे ऋतुराज, तुम नव स्वर्ग सा संसार।

विरह के दो बोल,
क्या कहोगे निठुर उस कलि से, विलोचन लोल,
मूँद जो सोई विजन वन में पहन हिम-हार।

यह मधुर-मधु-मास,
मानिनीं तज मान जातीं प्रणय-धन के पास
फूट पड़ता अलि-हृदय से हर्ष-भर गुंजार।

गंध-मंद बयार,
चार दिन में तो बहेगी रूप-यौवन-भार,
फिर वही आतप-व्यथित दिन, खर पवन-फूत्कार।

[७]

बीती निशि घोर।
तरल तिमिर चुंबित अंबर का वह छोर।

भर मधु-वन-कुसुम-गंध,
बही पवन मंद मंद,
जगा मधुर तरु-तरु उर में कल खग-रोर।

हेर प्रिय वदन दृग भर,
चली कामिनी मंथर,
छोड़ शयन-शिथिल सेज, लाज-सुख-विभोर।

उड़ा भ्रमर गुंजन-पर,
कंज-वास तब सत्वर ;
हुआ विश्व-कर्मभूमि में पावन भोर।

[८]

हेर प्राची-द्वार
अरुण-कर-लघु-तूलि-रंजित छवि तिमिर के पार।

चंद्र-मुख पांडुर, अलक-घन
स्रस्त हीरक-हार उडुगन;
चली शंकित रजनि जग सँग त्याग चिर अभिसार।

भङ्ग कर प्रिय-स्वप्न-सुख, हर
क्लांति, प्राणों में मधुर भर
जागरण, सुख-स्पर्श डोली गंध-मंद बयार।

[९]

तेरी प्रिय, चल चितवन,
मुक्त जलद-पक्ष्मों से प्राची की बाल किरण,

द्रुत-गति कर पार अंधकार-भार-व्याकुल उर,
मर्म-मर्म छेद, बेध प्राण बाण सी निष्ठुर,
लौटी नयनों की ही नयनों में फिर अमरण।

जानती अजान, हृदय में, यदि, तव सुख-क्रीड़ा
जगा गई कौन अथक क्रंदन, दु:सह पीड़ा,
खड़ी चकित लखती ही रहती वह अपलक बन।

[१०]

बाँध बंदनवार, मालिनि,
गूँथ हरित रसाल-दल चुन सुमन मेरे द्वार, मालिनि।

गा रहीं गृह में मनोहर
कुलवधू कल गीत स्वरभर,
बज रहे प्रिय वाद्य, रुच रुच सज रहीं शृंगार।

आज री कोई महोत्सव;
प्रकट-हर्ष उछाह सुख नव,
पुलक उठते आप ही सब अंग बारंबार।

[११]

अपने हृदय की बात रे,
आज कह दूँगा छिपाता था जिसे दिन रात रे।

साध किस उन्माद से भर,
लालसा से काँप थरथर,
पूजता था मंजु तेरी मूर्ति विह्वल-गात रे।

दृष्टि की करुणा बिना मम
शून्य जीवन भार, निर्मम,
झर पड़ेगा चार दिन में शुष्क ज्यों तरुपात रे।

[१२]

खोल हृदय-द्वार,
चंचल, मत देखो बाहर का संसार।

गगन में प्रचंड तपन,
ग्रीष्म-ताप-तप्त पवन,
तुरत झुलस देंगे मुख, निष्ठुर व्यापार।

यहाँ प्रिये, शयन करो,
चिर निज श्रम-ताप हरो;
झरता मन स्नेह-बिंदु, सदा ही बहार।

[१३]

मधुकर, छोड़ अब मधु-पान।
ढल गये सुख-स्वप्न के पल, अस्त रे दिनमान।

तिर रही जल पर मलिन घन-
अरुणिमा, हत छवि कमलवन,
मूँदती आतुर किरण दल गमन-बेला जान।

हेर कौन विनाश-माया,
खोल प्राचीद्वार, छाया-
स्तब्ध करती विश्व को, अवरुद्ध खग-कुल गान।

[१४]

आज अंबर में सघन घन,
उमड़ मंथर क्षितिज से जलधीर कर गंभीर गर्जन,

पुंज पुंज अधार,
छा रहे असहाय धरणी का हृदय साभार,
बरस पड़ने को उपल-शत-खंडनीर -
तड़ित् किसी क्षण।
उमड़ आते आप,
दुख-जलद युग, नयन-कोरों में यथा चुपचाप;
बरसने को भग्न उर का यत्न-संचित करुण क्रंदन।

[१५]

रूप की ज्वालाओं में जला,
अहो छोटा सा मेरा हृदय भस्म ही कर दोगी क्या भला।

अंग प्रत्यंग बना अंगार,
तुम्हारा तन वह वारंवार,
दहक उठता ज्यों बाड़व वन्हि, स्नेह के सागर में जो पला।

सुंदरी लोगी मेरे प्राण,
शांत होगी कब दीप्त कृशानु?
हृदय का देखो गला सुवर्ण और वसुधा पर भी बह चला।

[१६]

दु:साध्य हो यदि साधना;
स्वीकार मंदिर-द्वार से ही हो न यदि आराधना;

तब मूढ़ निज अज्ञान को,
उस निष्ठुरा के मान को,
या अंध-नयन अदृष्ट को तव शाप देगी यातना।

तू वेदना से मधुरतर
गीत-स्वरों में कर अमर,
तब निज अकाम उपासना रे, विफल विह्वल वासना।

[१७]

और दो पल।
कल्प से दिन भी गये ढल।

तू अमित-बल,
अनल में जल,
ज्यों सदा ही रहा अविचल,

भेद नीरव,
सुन चरण-रव,
अब मिलन-सुख में हृदय गल।

[१८]

ऐसा खोजता हूँ गान;
विरह के दिन गा सकें जिसको व्यथित ये प्राण।

बन गई जिसकी सुकोमल
नयन-जल-शब्दावली ढल;
और आह कराहती जिसकी बनी हो तान।

वेदना का भार तब यह,
हृदय को यों हो न दुःसह;
और मेरे स्नेह की भी हो उसे पहचान।

[१९]

धर पग देहरी के पार,
देखना क्या वीर पथ से लौट फिर वह द्वार?

दूर एक विराम-थल तव,
निधन की देवी जहा नव
अमर वीरों का सजाती समर-शयनागर।

प्रणय-क्रीड़ायें विविध कर,
हृदय-रुधिर, सुहाग दे फिर
वर अभय सीमंतिनी को विजय-हाथ पसार।

[२०]

रे असत्य विचार,
क्षणिक जग-जीवन यहाँ दिन चार का व्यवहार।

स्वर्ग की सुख-कामनाएँ,
हृदय में बहु भावनाएँ;
साथ ले जन्मा यहाँ मैं अजर अमरण प्यार।

मैं न जाऊँगा अकेला;
तपन-तारक-चंद्र-मेला
प्रलय की बेला चलेगा साथ सब संसार।

[२१]

तेरा भी आदि अंत,
हे विशाल वह्निपुंज, दीपित जिससे दिगंत!

सोम सूर्य शनि मंगल,
बुध गुरु शुक्रादि सकल,
भ्रांत शून्य में अहरह उपग्रह नक्षत्र, हंत!

पृथिवी का लघु मानव
पिये मृत्यु का आसव,
सीमा पर हँस पुकार कहता,—रे मैं अनंत!

[२२]

एक गान अविनश्वर सुंदर,
पाता यदि, अर्पित करता तव जननि, अमल पद-कमल युगल पर।

सहज-प्रभात विहग-रव मुखरित
उदित-सुवर्ण-अरुण-कर-निर्मित,
शिशिर सिक्त मलयानिल-चंचल उर-उर-नव-जागरण-ज्ञान-भर।

स्तब्ध शांति में अप्रतिहत स्वर,
घन तम में प्रकाश निर्झर झर,
जीवन का संदेश वहन करता जग के प्राणों में सुखकर।

भारत की प्रिय भूमि पुरातन
फिर धारण करती छवि नूतन,
पाता यदि दु:साध्य साधनाओं का फल वह मंत्र दु:खहर।

[२३]

किस नंदन कानन से?
किस बल किस साधन से?

गीत-कुसुम चुन लाऊँ,
मालिका पोह पहनाऊँ,
बरसें हर्षित ज्योति के सुमन प्रिय, तेरे चंद्रानन से?

झरते हैं जिनके दल,
माला हो छिन्न किसी पल;
निज कंठ में उसे पहनो तुम अयि, कह दूँ किस शासन से?

[२४]

बाग में अकेली,
पथ अपलक किसका जोहती चमेली।

मंजुल सुहाग-वाणी-नव उर में भर,
सहज-लाज लालिमा अरुण अधरों पर,
विकसित अलबेली।

गाते अलि-कुल कलियों सँग सुख-विभोर,
हरती पवन रेणु; लखती न उस ओर
मानिनी नवेली।

[२५]

प्रिये तुम्हारा प्यार,
सुंदर होता और दूर से सुंदर सौ सौ बार!

सांध्य प्रभा के आलबाल में,
रेशम के से रश्मि-जाल में,
छिपी तुम्हारी मूर्ति, छिपें ज्यों उसके सौ व्यवहार!

एक स्वप्न-संगीत मनोहर,
फूट फूट प्राणों से झर झर
स्वर्ण-लहरियों से रँग देता अस्थिर सब संसार!

[२६]

कह, सीखी कहाँ यह लाज?
मूँदती शशिवदन फिर फिर घन-वसन से आज!

उर युगल घट स्नेह-छल-छल,
तड़ित-अन्तर-प्राण, चञ्चल,
सिहर उठता कण्ठ में मधु-मंद्र तव स्वर-साज।

चली आधी रात मंथर,
चढ़ी पवन तरंग रथ पर,
हेरती सोते तृषातुर विश्व को किस काज?

[२७]

पावस के इस काले दिन,
मुझे चुका दो मेरा ऋण!

स्नेहभरे काले बादल,
उमड़ घुमड़ छाये पागल,
तृष्णाकुल धरणी के उर पर, आकुल रोम-रोम तृण-तृण!

पिउ-पिउ-रव-कूजित तरु-तल,
मुझसे जहाँ किया था छल,
मेरा भूला प्यार वहीं लौटा कर, मुझसे बनो उऋण!

[२८]

डोली यह पावस की बयार,
लघु लघु भर सीकर-पुलक-भार।

हैं दूर कहीं बरसे जलधर,
वन क्षेत्र तला-द्रुम-पुंजों पर,
अविरल जल के शीतल निर्झर, प्लावित कर वसुधा का प्रसार।

मंथर-गीत, दृग-जल से भीगी
बीते सुख-स्वप्नों की स्मृति सी,
डोली कंपित कर अंग अंग, सहसा प्राणों से कर दुलार।

मेरी सूनी क्षिति-रेखा पर,
अलि, दूर देश के घन सुंदर,
बरसेंगे क्या फिर उमड़ कभी पहले सी पावन स्नेह-धार।

[२९]

वह खोल जलद के रजत-पाल,
तिरती अगाध नभ नील-सिंधु, बाँकी एकाकी चंद्र-बाल।

बहती अबाध सुख से मंथर,
वह मदिर समीर-तरंगों पर;
जाने किस आशा से निर्भय, दी महाशून्य में तरी डाल।

जग का मारा यदि पथहारा,
होता मैं ही उसका प्यारा,
सीमा पर तो खोलता व्यथित स्वागत को निज बाहें विशाल!

[३०]

चंद्र-किरणों से गगन-मन
भर सुधामयि, दूर कर दे
वासना के अघ जलद घन।

मोहनिशि पीड़ित निखिल भव-
सिंधु, चंड तरंग-विषधर,
प्रलय-फण-फूत्कार, कातर
काँपता प्रतिपल दिगंतर,
चाहता तव वदन दर्शन।

छिन्न कर तम के कठिन स्तर,
उदित हो निज ज्योति में स्थिर,
खोल उर-घट स्नेहपूरित
रँग रजत पय-स्रोत में फिर
रोदसी का आज प्रतिकण।

[३१]

तुम्हारे नयनों में साकार
देखता कवि अपना संसार।

युगल तारक-गोलों के बीच
मंजु शत शत तारों का हास,
बँधी अग जग की छवि निःसीम
तुम्हारी सीमा में सोल्लास,
शून्य में करती सतत विहार।

खिले फूलों से कितने भाव,
जलधरों से कितने उच्छ्वास,
उमड़ते मिटते, धर नव रूप,
सघन पावस हो या मधुमास,
सरस नित ऋतुओं का अभिसार।

एक ही स्नेह ज्योति में बाँध
असंख्य जनों के तन मन प्राण,
नचा दुख सुख के नृत्य अपार,
कर्मरत, रचती हो सुख मान,
सृजन, पालन, फिर फिर संहार।

[३२]

मेरे ये दृग-जल-कण चंचल,
तेरी अबाध दुख की सरिता में
मिलें जननि, नित बहें अमल।

उठते उर के उच्छ्वास सघन,
प्राणों के उत्पीड़न, क्रंदन,
तेरी युग युग की स्तब्ध निराशा-
रजनी में हों लीन सकल।

अविचल तू जीवन का व्रत बन,
तुझ में सब धर्म-कर्म-पालन,
हों मर्म मर्म से तेरे ही
उद्घोषित नाम सर्वमंगल।

जिस दिन तेरा सुखसूर्य उदित,
दुखतमहर, जगमन करे मुदित,
जागें विस्मृत उस दिन इस भग्न
हृदय के आशा स्वप्न सफल।

[३३]

अहे देश के दुर्दिन!
चुका रहे कब का ऋण?

तपते खड़े सहर्ष;
बीते वर्ष सहस्र उदय को, खरतर ही उत्कर्ष;
भूले मध्य गगन में निज पथ,
अस्तहीन से अमलिन!

हाय, हमारा उपवन,
हरा भरा था, बरस बरसकर तुमने किंतु अनलकण,
आज बना डाला मसान सा
जला जला कर तृण तृण।

अरे अब असहन!
अस्त घड़ी तो दूर, जलाओ जीर्ण शीर्ण यह तन मन,
सदय, प्रलय कर हरो दुःख सब,
बीत रहे पल गिन गिन।

[३४]

मेरे वैभव के, हे महान्
बीते स्वदेश के दिन, अजान!

किस स्वर्णघड़ी, कर छिन्न जाल
अव्यक्त निशा का, नव प्रकाश
बिखराते भू पर, जगा मधुर
खग-उर में नव सुख स्वरोल्लास
आये तुम सज, भव के विहान?

बीता प्रचंड कब मध्यकाल?
कब शेष सांध्यश्री? अंधकार
छाया फिर चारों ओर, आज
दीपित केवल तुझसे, उदार,
उडुचंद्र कहीं पा ज्योतिदान!

होता जड़ दुखतम घनीभूत,
जब हृदय टूट जाता निराश,
हे स्वर्णस्वप्न, कवि के उर से
बहता तब अस्फुट सा उदास,
दुख-मधुर तुम्हारा कीर्तिगान।

[३५]

अहे ईश, ये सजल अश्रुकण,
भग्न हृदय से टूट गगन के तारों से झरते जो क्षण क्षण,

आताइयों की नृशंसता,
रक्तपिपासा, पापनीति पर,
क्या बरसेंगे कभी, प्रलय के
वज्र-कठिन पाहन जीवन-हर,
तेरी दुर्लभ अनुकंपा बन?

या अलक्ष्य, भूले अपना पथ
माया में तव अमर नाम की,
कायरता के चिन्ह शेष ये
पायेंगे अनिवार्य निज कहीं,
जग की उड़ती धूलि में मरण?

[३६]

किसका यह भय, किसकी पुकार,
रे हार समर में, बार बार?

तेरा ही तन यह सबल क्षीण
मन खिन्न दीन या धैर्यवान,
संबल को हैं तेरे समीप
तेरे ही चंचल पाँच प्राण,
हों एक, अधिक वा अमित वार।

धाता की करुणा स्नेह शांति,
सुख के गाता वो मधुर गान,
दुख से तम से निज नयन मूँद
जग के जड़ जीवन से अजान,
गाता वह कोई निराधार।

तेरी ही विजय पराजय से
तेरा तुझको सुख या विषाद;
रह अभय, वर्ष कुछ पक्ष मास
बीते कुछ दिन-पल, निर्विवाद
तेरा विराम घन अंधकार।
किसका फिर भय, किसकी पुकार?

[३७]

रे खोल हृदय के द्वार खोल,
सुनता अपने ही किसी दुखी भाई के ये तू करुण बोल।

जाते तरु-नीड़ों को विहंग,
वन के पशु वन को भर उमंग,
इसके आँसुओं को न कोई लेता कौड़ी के तीन मोल!

हैं ईश-दया के रुद्ध द्वार;
आया यह लख संसार हार,
भाई भी भाई की पुकार सुन अंत रहे गा क्या अदोल?

[३८]

किसे गगन में कीर्ति-ध्वजा निज फहराने की अभिलाषा,
साभिमान सिंहासन पर अभिवंदित होने की आशा?
कौन यहाँ चाहता भव्य प्रासाद विपुल वैभव-धन-श्री?
किसे चाह सेवाओं के बदले स्वर्गिक सुख-साधन की?
लौह-शृंखलाओं में जकड़े जननी के सब अंग जहाँ
देगी वह गौरव-धन-सुख, आशा करता रे कौन वहाँ?
देती मस्तक पर केवल टीका दासत्व निशानी का,
पूर्व ख्याति सम्मान, आज भूला सब एक कहानी सा।
जली चिता अभिलाषाओं की प्रियतर निज आशाओं की,
भस्म रमा, सर बाँध कफन, धर राह अमर योद्धाओं की।
दास देश में जीवन क्या, जीवन की इच्छा शेष रही;
त्याग युगों की दुर्बलता मरता जो, जीता आज वही।

[३९]

मेरे वृथा गान।
क्या मान सम्मान!

मध्याह्न में हों
सुमन दृष्टि को ज्यों
तपन ज्योति में हंत!
निर्गन्ध निष्प्राण!

निःशेष हो माँ न
यह ज्योति, यह ज्ञान,
फूलें नये और
दे शक्ति के दान!

[४०]

फूटा वह शारद चन्द्रहास।
प्रिय चलो विजन में हरसिंगार की कलियों का देखें विलास।
वृन्तों पर निज निज डोल डोल,
रंजित उर के दल खोल खोल,
शीतल समीर के मृदु स्पर्श तजतीं विह्वल सौरभोच्छ्वास।
कुछ कहें सुनेंगे मधुर बात,
या मौन रहेंगे एक साथ;
लौटेंगे होगा स्वप्न भीरु कलियों को जब आलोक-त्रास।

(१९३५)

संन्यासी का गीत

(स्वामी विवेकानंद के द सौंग ऑव संन्यासिन् का अनुवाद)

गाओ फिर गान! वह तान जो उठी थी कभी
दूर, विश्व-वासना से दूर, किसी घन अति
वन की उपत्यका में, तुंग-गिरि-कंदरा में;
शांति जहाँ की न कभी भंग कर पाई आह
कंचन या कामिनी की; बही जहाँ तरंगिनी
सत्य, ज्ञान, उभयानुगामी चिदानंद की भी।
गाओ वही गान आज उच्च स्वर भर धीर,
संन्यासी वीर. कहो, "ओम् तत् सत् ओम्"!

छिन्न करो बंधन ये, कांतिमान स्वर्ण के या
तुच्छ किसी धातु के जो बाँध रहे बार बार,—
स्नेह-घृणा शुभाशुभ द्वंद्व के समूह मंद;
जानो दास दास ही समादृत तिरस्कृत वा,
मुक्त नहीं; बंधन सुवर्ण के भी होते नहीं
बाँधने को कभी अकठिनतर; इसीलिये
दूर करो उन्हें आज; उच्चः स्वर भर धीर,
संन्यासी वीर, कहो, "ओम् तत् सत् ओम्"!

दूर जावे अंधकार! क्षुद्र जो वैताल-जाल
लिये जाता घन से सघनतर तम-ओर,—
जीवन की तृष्णा यह, करो शांत, खींचती जो
पुरुष को जन्म से मरण तक बार बार।
जीत लेता जग वह जीतता है निज को जो;
जान यह, हो अजेय; उच्चः स्वर भर धीर,
संन्यासी वीर, कहो, "ओम् तत् सत् ओम्"!

"काटता जो बोता है"—प्रसिद्ध उक्ति;—"कारण का
निश्चित है परिणाम, शुभाशुभ; नहीं कोई
अपवाद नियम का। पाया जिसने शरीर
बंधन भी पाये साथ।"—सत्य, तो भी देखो परे,
नाम और रूप से भी परे, मुक्त आत्मा वह;
जानो वही तुम, तब उच्च: स्वर भर धीर,
संन्यासी वीर, कहो, "ओम् तत् सत् ओम्"!

जानते न सत्य भूले देखते जो स्वप्न मृषा
माता पिता पुत्र मित्र प्रिय कलत्रादिक के।
एक जो अलिङ्ग पिता पुत्र कैसा किसका, रे?
बन्धु और बैरी किसका वह जो एक मात्र?
आत्मा अविनाशी, वहाँ सत्ता नहीं और की है;
जानो वही तुम, तब उच्च: स्वर भर धीर,
संन्यासी वीर, कहो, "ओम् तत् सत् ओम्"!

एक, बस एक ही है मुक्त ज्ञाता आत्मा वह;
नहीं नाम नहीं रूप कोई, वह निष्फलङ्क।
देखती ये स्वप्न सब माया उसमें ही स्थित।
साक्षी वह आत्मा इस प्रकृति में रूपमान।
जानो वही तुम, तब उच्च: स्वर भर धीर,
संन्यासी वीर, कहो, "ओम् तत् सत् ओम्"!

खोजते हो कहाँ? बन्धु, मुक्ति वह, लोक यह
परलोक भी न दे सकेगा। ग्रंथों मंदिरों में
वृथा सब खोज। जानो हाथ में तुम्हारे मात्र,
रज्जुपाश खींचता जो। बंद करो क्रंदन तो;
दूर करो बंधन ये, उच्च: स्वर भर धीर,
संन्यासी वीर, कहो, "ओम् तत् सत् ओम्"!

कहो—"शांति पावे जग! पावे नहीं भीति कोई
मुझसे, जग का प्राणी। ऊर्ध्व जो गगन-वासी
पृथिवी के कीट वा, मैं आत्मा हूँ सकल का।

तजता हूँ जीवन मैं लोक-परलोक के भी,
स्वर्ग और नरक, संसार, आशा, निराशाएँ।''
काटो निज बंधन यों, उच्च: स्वर भर धीर,
संन्यासी वीर, कहो, ''ओम् तत् सत् ओम्''!

चिंता फिर कौन, वपु कैसे मृत जीवित वा;
समापन्न-धर्म, कर्म-स्रोत में प्रवाहित हो।
करे दान कोई पुष्पमाला वा पद-प्रहार
तन को, न कहो कुछ, निंदा क्या प्रशंसा वहाँ
निंदक प्रशंसक, प्रशंस्य निंद्य एक जहाँ?
करो यों ही शांति लाभ; उच्च: स्वर भर धीर
संन्यासी वीर, कहो, ''ओम् तत् सत् ओम्''!

आता नहीं सत्य, जहाँ काम, कीर्ति, संपति की
लालसा हो। जन वह होता नहीं अधिकारी
पूर्णता का, हेर नारी, सोचता जो पत्नी मम।
अणु का भी स्वामी नर, बाँधती हों जिसको वा
क्रोध-शृंखलाएँ, माया-द्वार से न पाता मुक्ति।
तजो तब बंधन ये, उच्च: स्वर भर धीर,
संन्यासी वीर, कहो, ''ओम् तत् सत् ओम्''!

नहीं गृह, कौन गृह बाँधे तुम्हें बन्धु आज?
दूर्वादल शयन तुम्हारा शुभ्र नभ-तल;
मिले आप भोजन जो, भले बुरे से न काम।
कौन खान-पान करे स्पर्श उस पुरुष को
जाने निज को जो; बहो सरि चिर-कल्लोलिनी।
कहो एक बार, फिर शत औ' सहास्र बार,
मंत्र बारंबार वह, ''ओम् तत् सत् ओम्''!

ज्ञानी दो ही चार; शेष तुमसे करेंगे घृणा
परिहास हास, हे महान्, नहीं चिंता पर;
जाओ मुक्त, स्थल स्थल, दो उन्हें सहाय्य-दान,
पावें मुक्ति माया के तमिस्र अवगुंठन से।

(१९३६) जाओ, नहीं आवे पास दु:ख-भय सुख-आशा;
परे उनसे हो आज; उच्च: स्वर भर धीर,
संन्यासी वीर, कहो, "ओम् तत् सत् ओम्"!

इसी भाँति, अनुदिन, कर्म का प्रवाह जब
शांत हो, सदा को करो आत्मा निज मुक्त। नहीं
जन्म, कोई दूसरा न आत्म-परमात्म-भेद।
तुम्हीं सब, सब तुम और फिर चिदानंद।
जानो वही तुम; तब उच्च: स्वर भर धीर
संन्यासी वीर, कहो, "ओम् तत् सत् ओम्"!

जाग्रत देश से!

(स्वामी विवेकानंद की कविता 'टु दि अवेकॅन्ड इंडिया' का अनुवाद)

जागो फिर एक बार!
निद्रा वह, मृत्यु नहीं; पाते जिससे नवीन
जीवन, विश्राम नवल कमल-नयनों में,
देखने को स्वप्न और भी महान्। अहे सत्य,
नहीं तुम्हें मृत्यु; देखो बाट जोहता संसार!

वही पथ एक बार,
और धरो; चलो पग रख लघु-भार, नहीं
भंग पथ-धूलि की भी शांति हो जो पड़ी वहाँ
निम्न-मुखी। फिर भी तुम शक्तिवान, धैर्यवान,
चलो मुक्त निर्भय, आनंदमय। जाग्रत हे,
आगे बढ़ो, कहो नव-जीवन का महा-मंत्र!

छूट गया घर-बार,
पाला जहाँ स्नेह-पूर्ण हृदयों ने; देखी तथा
उन्नति उमंग भर; किंतु भाग्य प्रबल रे,
नियम ही—जाते सब पाने को नवल शक्ति
उसी एक स्थल को, था पाया कभी जन्म जहाँ!

फिर से प्रारंभ करो,
उसी निज देश से तुषार-कांत शृंग जहाँ
पर्वत गगन-चुंबी करते साहस-दान;
समापन्न करो महत्कार्य, करो चमत्कार;
स्वर्ग की तरंगिनी कल्लोलिनी सिखाती तुम्हें
गीत निज अमरण; देवदारु विटपों की
शीतल सघन छाया देती जहाँ चिर-शांति!

और देखो भाल पर,
तुंग-तम शृंगों के, विराजती हिमाद्रि-सुता
उमा, जगज्जननी तपस्विनी जो महाशक्ति,
जीवन निखिल की, जो करती है कर्म सभी;
एकता अनेकों में; कटाक्ष जिसके दयालु
खोल देते सत्य-द्वार, दिखलाते एक वही
व्याप्त जो चराचर में; दान करे तुम्हें आज
अथक असीम वह शक्ति, जो अनंत प्रेम!

शुभाशीष देते सब
ऋषि महत्द्रष्टा जो, बँधे न क्षुद्र बंधनों में
निज देश-काल के, पितामह वे जाति के थे,
सत्य के किये जिन्होंने अविकल दर्शन, औ'
दिया भले बुरे को समान ज्ञान निर्विकार;
दास हो उन्हीं के, वीर आज भी तुम्हारे पास
आदिम रहस्य मंत्र एक, वही अद्वितीय!

बोलो तब प्रेम-मूर्ति!
सुन कर देखो स्निग्ध वाणी कैसे स्वप्न सब
छिन्न होते पुंज-पुंज, शून्य में विलीन होते;
सत्य मात्र होता भासमान पूर्ण ज्योतिभर!

कहो विश्व से पुकार,—
जागो अब जागो, नहीं देखो और स्वप्न मृषा!
स्वप्न-देश जानो यह, गूँथ रहा जहाँ कर्म
लेकर तुम्हारे ही शुभाशुभ विचार-पुष्प
मालिकाएँ निर्गुण; ये पुष्प मूल-वृंतहीन,
पूर्व-वत् शून्य में मिलाये जिन्हें मंद्र एक
झोंका सत्य-पवन का। निर्भय हो देखो तब
सत्य-मुख, उसी में मिलो, हो एक; दूर करो
स्वप्न सब। देखना ही, देखो तो महान् स्वप्न
सीमाहीन प्रेम औ' अकाम सेवा-भावना के!

कबीर और रामानंद

गर्वोन्नत-हिमगिरि-विगलित कल-जल-प्रवाहिनी,
अखिलेश्वर की करुणा सी पीयूष-प्लाविनी,
शत-शत अघ-भव-भीत जनों की एक सहारा,
भारत वसुंधरा पर श्री गंगा की धारा;
नैश स्तब्धता में लोरी गा बहती जाती
तट-नगरों को थपकी दे सुख-नींद सुलाती।
मातृ-क्रोड़ में अभी सो रही काशी नगरी
बीत चुकी है यद्यपि प्राय: सकल शर्वरी;
निद्रित अभी उदय-गिरि गह्वर में पर दिनकर
सोता नीड़ों में प्रभात-मुखरित खग-कुल-स्वर।
दूर दूरतर हिमकर-चुंबित तरल रजत जल,
मग्न दूसरी ओर घन-तिमिर में वन अविचल।
समीपस्थ प्रासाद में थमा नृत्य-गीत-रव,
मंद-प्रभ निशि-दीप बुझे धीरे धीरे सब।
इसी काल रे, त्याग सुखद तंद्रा एकाकी
आया निर्जन नदी तीर यह कौन विरागी?
घाट दशाश्वमेध पर स्थिर हो अपलक-लोचन,
लगा देखने मौन जाह्नवी की छवि लोभन?
अंग अंग से स्फुरित कांति चंद्रिका हास में,
आया देवदूत मानो कोई प्रवास में।
भक्ति-भाव से कर प्रणाम उतरा वह नर-वर,
मंद पादुकावेष्ठित चरण सीढ़ियों पर धर।
मिला पादुकारव चट-चट सरि की कल-कल में;
आई सप्तम सीढ़ी पर ज्यों ही कुछ पल में,
सहसा पादाघात हुआ सोते नर-तन पर,
'राम राम' कह चकित सिहर लौटा वह सत्वर!

"अरे विजन सरि-तीर सो रहे तुम इस वेला,
कौन वंधु पाकर जग से निष्ठुर अवहेला?
सोते सभी नगर-वासी अपने अपने गृह,
वन-विहंग नीड़ों में, कौन तुम्हीं तब निःस्पृह
नक्षत्रांकित नीलांबर के नीचे भू पर,
आये खोज बनाने इस निर्जन को निज घर?"

सुन ये वचन खड़ा हो सीढ़ी पर अति सुंदर,
बोला तरुण कुमार एक भावोत्कंपित स्वर,—
"आज क्षुब्ध पथ-भूला सारा उत्तर भारत
पाता जिसके चरणों में निज आश्रय आरत,
अज्ञानाहत जन अपार कर जिसका दर्शन
फिर जाते पाकर निज परिचेय, अंतर्लोचन,
जग के उस परिचय-दाता ज्ञानी गुरु-वर को,
परिचय दे क्या क्षुद्र एक वामन शशधर को?
अंतहीन नभ के नीचे लख अनंत भूतल
रो पड़ता रहस्य-पीड़ित यह हृदय क्षीण-बल!
अंधकार से उमड़ चंद्र-उडु-जग की माया
क्षणिक प्रकाश-दीप्त सी फिरती चंचल छाया;
भूला भ्रम में ओर छोर अपना अजान मन,
नहीं जानता आवागमन, मरण क्या जीवन।
हे गुरु, क्या परिचय दे मूढ़ तुम्हीं फिर बोलो,
जाने निज को यदि पहले अंतर्दृग खोलो।
धन्य हुआ सुन किन्तु आज उच्चरित मनोहर,
श्री गुरु-मुख से "राम राम" के शब्द दुःखहर।
सबसे यही नाम सुनता था कबसे अविरत
ज्ञात न अब तक थी पर उसकी शक्ति अनाहत।
आदि रहस्य-मंत्र सा प्राणों को अति सुखकर
पुलकित करता अमर अहो नव जीवन का वर!"
"राम राम", कह "राम" मधुर शब्दों में तन्मय,
मौन रहा वह सत्यालोक-प्राप्त सा निर्भय!

बोले संन्यासी तब,—"वाक्य-प्रवाह तुम्हारा
अद्‌भुत अति हे युवक, हृदय को भाया प्यारा।

सत्य, नहीं दे सकते हो तुम परिचय अपना
लगता तुम्हें विश्व भी एक अपरिचित सपना;
तो भी यह व्यवहार-रूप में, —कौन तुम्हारे
माता पिता बंधु, किनके तुम वंशज न्यारे?
आये नदी-तीर निशि में सोने किस कारण,
बार बार मेरा फिर क्यों यह गुरु-संबोधन?"

उत्तर दिया सजग हो,—"गुरु, वह वंश हमारा,
नत-मस्तक जिससे हो भिक्षुक भी बेचारा;
रखता जो अज्ञात-वंश भी ऊँचा माथा,
देव-देव का अनुचर वही कबीर कहाता।
करता है मुख मोड़ घृणा जिनसे कुल-वाला,
मैं हूँ उन्हीं दयालु जुलाहों का प्रतिपाला।
देखे पैठ हृदय-भीतर यदि अंतर्यामी,
पावे नीरू-नीमा को ही उसका स्वामी!
कहते पंडित गण हैं शास्त्र-बोध अति पावन,
रहे दूर ही दास अनंत मलिनता-भाजन!
सूत कातकर नित्य कर्म था, वस्त्र बनाना;
आया आँखों के संमुख पर ताना-बाना
इस विशाल जग का यदि, दोष कहो किसका वह?
हुआ हृदय को निज अज्ञान-भार फिर दुर्वह!
पंडित बोला—"मुसल्मान तू!" मुल्ला—"काफिर!"
योंही जिसके पास गया, लौटा ही आखिर।
हो निराश सर्वत्र, चला करने गुरु-दर्शन,
पा न सका सुप्रवेश वहाँ भी किंतु अकिंचन!
आज यहाँ पर देव, हुई जब कृपा तुम्हारी,
पाया चरण-स्पर्श, मंत्र भी भव-भय-हारी।"

चकित रह गये मौन, कुछ क्षणों को संन्यासी;
देखी सुनी बात सब अघटनीय घटना सी।
बोले तब कुछ उत्तेजित हो कबीर—"गुरु-वर,
पद-स्पर्श जो दिया, नाम का मंत्र दुःख-हर,
ले न सकोगे उसे फेर अब, फिर विचार क्या?
साल रहा है हृदय धृष्ट मेरा साहस या?

माया में भूले फिरते केवल गृह-वासी,
कहते यह उडु-चंद्र, किंतु लखता संन्यासी
एक, अनेकों में अदृश्य भी छवि अविनश्वर,
एक ज्योति से दीपित उसको विश्व चराचर।
देखो अंतर में कैसी उठती है क्षण-क्षण
प्रबल विचारों की झंझा कर विकल गगन-मन;
समुद्वेल सागर सा शतोर्मि बाहु बढ़ाये
ज्ञान ज्ञान की हृदय दुरंत पुराकर मचाये!
चरण-शरण देते तुम कितनों को हे दानी,
एक मुझे ही रक्खोगे जग में अज्ञानी!
सुनते हैं, सब पर निज चंद्र सुधा सरसाता,
जलद नीर-गंभीर सभी पर जल बरसाता।
भस्म-पूत करती सबको अविवेक हुताशन;
बहती भागीरथी वहन कर सकल अपावन।
कौन अगम थल रवि तम से जिसको न त्राण दे?
कौन तुच्छतम जन जिसको गुरु ज्ञान-दान दे,
खुलें न लोचन, हों न सत्य के अविकल दर्शन,
छिन्न-भिन्न, हो दूर न तामस मायाकर्षण?
किंतु नहीं कोई चिंता कोई भय-बाधा,
रे गुरु-दर्शन कर मैंने अजान-पथ साधा।
धारण कर उर चरण-चिन्ह सर्वत्र फिरूँगा,
रामानंद पुकार, राम को भी हेरूँगा।''

लख कबीर को विह्वल, शिर पर कर दुख-मोचन
रख गुरु हृष्ट-मना बोले,—''हे वत्स स्नेहधन,
दूर करो आवेग श्रेष्ठ तुम शिष्य हमारे,
करते हम अभिमान आज हो गुरू तुम्हारे!
देगा दिव्यालोक ईश उर में वह उज्जवल
कर दोगे ज्योतित पग-पग तुम सकल धरातल।''
रचे पूर्व से चल अब युग-किरणों ने सत्वर
युगल मस्तकों पर दो रेखा-मुकुट मनोहर।
उतरे रामानंद सलिल में करने मज्जन,
चढ़े कबीर सीढ़ियों पर कर गुरु-अभिनंदन।
चले नगर को जागा जहाँ सुप्त कोलाहल;
ज्ञान-सुधा-सरि-स्नात हृदय था किंतु अचंचल!

(१९३५)

मेनका

खोल दूर किसी स्वर्ग-सुषमा का रुद्ध द्वार,
गंध-मंद मलय-समीर की तरंगों पर
तैरता उतर आता भू पर वसंत जब,
भर देता कलियों के, अर्द्ध-स्फुट अधरों में
नया हास, नई लाज, नवल प्रणय-गान
मौन अलि-प्राणों में, उस काल विवश हो
छोड़ा नहीं मान कहो कितनी कामिनियों ने,
वीतराग ध्यानियों ने अपना एकान्त ध्यान;
लाता वह लालसाएँ जाने कौन निष्कलङ्क,
नीरनिधि-फेन-शुभ्र, सुधानाथ-हासोज्जवल,
हेर मुग्धा तुषाराद्रि-नंदिनी पुजारिनी की
नम्र दृष्टि, स्त्रस्त-सुमनांजलि, दिगंत-शोभी
चंद्रानन, महादेव शंभु का हृदय-सिंधु
हो उठा था अकस्मात् हिल्लोलित समुद्वेल!
मधुर मधु-प्रभात-वेला, अमरावती से
आई देव-वारांगना, अरुण-किरण-संग
मेनका महेन्द्रप्रार्थिता, जहाँ तपस्थली में
बैठे मुनि विश्वामित्र, क्षत्रियवंशावतंस
ध्यान मग्न; देह की हिरण्य-घन-वल्ली-द्युति
भासमान चतुर्दिक देख पूर्व-शृंग पर,
लज्जित सा बाल-सूर्य; वश करने बैठा हो
माया निज लोक-लोक-व्यापिनी कंदर्प मानो;
विस्मित गंधर्व-बाला रही मौन, निर्निमेष!

भूल मधुवन-शोभा रुद्ध कर दशद्वार
पार कर गोचर-संसार-सीमा गाधि-पुत्र
देखते थे स्वर्णकान्त हृदयारविन्द छवि;
उसी काल चपल समीर की लहर लघु

लिये मंजु नारी-पद नूपुर निक्वण भार
पैठ कर्णकुहरों से खोज निज अंध मार्ग
भर गयी प्राणों में नूतन मधुर स्पंद।
खोल क्षुब्ध लोचन विलोक औ' वसंत लीला
हास-लाज-कुंचित वल्लरियों से आवेष्टित
लोहित मृदुल किसलयधर तरुवृन्द
सौरभ मरंदलुब्ध मत्त चंचरीक गान
धारासार पिकस्वन, क्षिप्त मानो वनस्थली
और गंध मंथर मलय की स्वच्छंद-बंध
गति पर नूपुरानुरणन से देती ताल
नृत्यमती मोदप्रिया एक अनवद्याङ्गी
अप्सर-कुमारिका। सविस्मय तपोधन ने
सोचा—पथ भूल आयी वन में अबोध बाला,
जानती नहीं है यह कामुक पुरंदर की
क्रीड़ाभूमि, यहाँ तप करते हैं आशुक्रोधी
विश्वामित्र, प्रतिद्वंदी धाता कमलासन के
ईषद् भ्रूभंग से कंपित त्रिलोक होता,
त्रस्त सुरासुर, नत माँगते, क्षमा की भीख।
दीप्त होते शंभुनेत्र ज्वाला सम रोषानल
प्रस्फुरित नयनों से होगी भस्मावशेष
निमिष में, किंतु नहीं क्रुद्ध होते अकारण
जितेन्द्रिय ज्ञानी जन।
मोह लेती विश्व अहो,
सुंदरी के वेश में महेश की अमोघ माया।

भारत के उस पुण्य दिन घनकान्तार वासी
तापसों की हेर जब तपोवह्नि प्रज्वलित
धूमहीन, त्रस्त होता स्वर्गसिंहासनासीन
देवराज, भेजता अमर वारनारियों को
महाजप भंग हेतु, कौन कहे मेनका ने
दिया कौन उत्तर कंदर्पमद विकृत मन
तरुण तपोधन को उस काल? आज कहाँ
पाये क्षुद्र कवि वह आर्ष मधु लेखनी जो
बुन मृदु शब्दजाल चित्रित करे अलस-
पवनहृतांशुका विलासिनी के संग चिर-
अबाधित गाधिपुत्र के विहार, रची गयी
अनजान जब किसी भावी भारतीय महा-
कवि की त्रिलोकवंद्या महादेवी शकुंतला।

(१९३५)

सॉनेट

[१]

भेद महाशून्य का सुविस्तर अंबरतल,
        यामिनी के प्रथम प्रहर कवि-गान सम
        जागतीं असंख्य जब तारिकाएँ मनोरम,
बीतते न दीर्घ तब कठिन प्रतीक्षा-पल!
दूसरे प्रहर किंतु शांत जब अचंचल,
        पशु औ' विहंग ग्राम जन वन वासस्थान,
        अतृप्त पितासा-शांति-हेतु तब मेरे प्राण
अंग अंग में तव हैं खोजते अमृत-जल!

तीसरे प्रहर बाहुपाश-बद्ध सुख-श्रांत
तंद्रामग्न देह लिये, देखती है समुद्भ्रांत
        वासना, सुखद स्वप्न, बीत जाते लघु क्षण!
डोलती प्रभात फिर कँपा जब वन-प्रांत,
मंधर समीर तब पोंछता प्रिये, अशांत
        तेरे विदा-वेदना-व्यथित दृग-जलकण!

[२]

छाये अस्त गगन में बहु-विध सांध्य रंग,
रंजित जलाशयों का जल तरु-लतिकाएँ,
और इस काल सूनी नगर-अट्टालिकाएँ;
आई किंतु यामिनी असंख्य ज्यों नक्षत्र संग,
उठी वक्ष वक्ष में बहुल रंगों की तरंग
पुर-सुकुमारियों के; और नभ-दीपालोक
स्तब्ध रहा आधी रात, खिले तब रक्ताशोक
वासना-कुसुम वे, उमंग भरे अंग अंग!

बह गये सुंदर सुखद पल, स्नेह-गीत
उर उर के औ' निशि मिलन की गई बीत,
बही पुरवाई भर तरलित अंधकार।
प्रस्फुटित किंतु पूर्व गगन में वे अतीत
सांध्य रंग और सुख-स्मृतियाँ आलोकभीत,
उषा-मुख पर जहाँ झलमल अश्रुहार!

[३]

पावस की यामिनी, बरस गये घन घोर,
मंद जलसीकरों की किंतु झरती फुहार,
और भीगी ज्योति लिये अस्फुट नक्षत्रहार,
उगे; एक ज्योति ज्यों विकीर्ण हो अनेक ओर।
अश्रुनीर छाये मन-मगन के ओर छोर,
छिन्न प्रिय-मुख का ज्यों खंड खंड हो प्रकाश,
देखें उसे धूमिल नयन और सप्रयास;
दीप्त यही तारक त्यों करते रजनि घोर!

होगा कब, सोचता था, पूर्ण-चंद्र भासमान;
हुआ तभी शब्द और भीषण, क्षीतिज ओर,
उल्कापात, झंझा-स्वन, मेघों का तुमुल-रोर;
मुँद गये तारे, काला हुआ सभी आसमान!
किंतु जहाँ छिपा वह चंद्र शुभ्र-छवि-चोर,
कालिमा ने किया उसे अधिक ही दीप्तिमान।

[४]

सद्य:स्नाता सुंदरी को आज कक्ष में निहार,
ढाँकि श्वेत वसन से सिक्त निज तन, मंद,
दर्पण के संमुख आ, हेर क्षण मुख-चंद,
सुलझाने लगी ज्यों सजल निज केश भार;
आया मन में न जाने, भूला कब का विचार,
बीते किसी युग के विजन मानो सर-तीर,
देखा सद्य:स्नाता खड़ी अप्सरा कामिनी धीर,
पुष्प-छाये वन में एकाकिनी औ' निराधार।

वही मुख, अधर, कपोल, ग्रीवा, श्री अमंद,
वन्य तनु तन में बसाये ज्यों कुसुम-गंध,
कक्ष में एकाकिनी खड़ी हो वही सुकुमार;
वेदना-मधुर रूप-तंतुओं से मन अंध,
बाँध लेती स्नेहियों के किंतु ज्यों स्वयं अबंध,
करती विहार विश्व-सर में स्वेच्छानुसार!

[५]

कल्पनानुभूय मात्र आज वह स्वप्न-ध्यान,
पूर्ण कर सुंदरी के तनु कभी अंग अंग,
फूटा रूप यौवन अपार लिये जो अनंग,
दर्शन-सुखद स्पर्श-मधुर था वर्तमान!
अभिभूत किये वही चेतना को स्वप्न-ध्यान,
मूर्च्छित अचेतन सी तन में जो नि:सहाय,
लुंठित भुजंग हो अवनि में शिथिल-काय,
रागिनी के मधुर आवेश में ज्यों हत-ज्ञान!

विषाद छायाऽक्लांत वदन है, ध्वस्त-वेश,
छोड़ रहा विजित अनंग धीरे निज देश,
उड़ती विनाश वैजयंतिका वहाँ अछोर;
विगत विभव-चिन्ह हो रहे सभी अशेष,
द्रुत द्रुततर त्योंही लौट आता स्वप्नावेश,
तीव्र तीव्रतर वेदना में प्राण-मन बोर।

(१९३५)

संध्या

अस्ताचल शृंग पर
आलोक-तिमिर पल करते विराम जहाँ,
शिशिर वसंत ग्रीष्म पावस हेमंत, वहाँ
परिवर्तित पट्टवासों में नूतन रंग भर,
उतरती मंद-गति संध्ये, आभा-आवरण
ढाँप लेता क्षेत्र, सरि, सरोवर, उपवन!

पाते अन्न-तृण-दान
(१९३६) कोटरों में कूजित विहग-शिशु, वासस्थान
आये लौट जन सभी, प्रिय जहाँ परिवार;
तभी करती विहार,
घनीभूत तिमिर में लुप्त होती क्षीणाकार।
अहो प्रिय इतना क्या अंधकार?

बीती निशि हुआ भोर;
पूर्वाचल शृंग पर फूटी वह मुसकान,
संध्ये, किसकी ज्यों फूटा कल खग-कुल-गान?
स्नात कहीं उस पार,
रजनी-सरोवर में तनु-तनिमा निखार,
इंगित से बुला रही अरुण को इस ओर!
निज प्रिय को विलोक,—
प्रिय तुझे इतना क्या नवालोक?—
मिल जाती अरुण-तारुण्य में अहे अशोक!

रजनी का अंधकार था न जब दिवालोक,

शत औ' सहस्र लोक,
घूमते थे धाता के चरण वक्ष ग्रीवा घेर,
महर्लोक, स्वर्लोक, पाताल, रसातल,—हेर
शोभा नव, सुन औ' संगीत वह अविश्रांत,
उठे विधि के प्रशांत
उर में स्पंदन त्यों ही सृष्टि की प्रथम नारी
फूटी पूर्ण विकसित अंग लिये सुकुमारी
संध्या, हेर निरावृत कंचन सी देह-कांति,
अहो मानसी अशांति
धाता की, सहज फूटा मनसिज मंदहास,
उञ्चास विभाव-भावों का प्रकाश!

विश्व की मधुर माया,
नहीं जहाँ दुख, नहीं सुख, वहाँ तव छाया;
भाता नहीं दिवालोक रजनी का अंधकार,
तेरा पथ कवि रहता निहार!

उमर खय्याम की रुबाइयाँ

[१]

जागो बंधु जागो, और आया फिर एक बार,
मंजुल प्रभात खोल पूर्व का तमिस्त्र-द्वार,
छलका अरुण-प्याला ले सुरा-तरंग-रंग,
लाल हुई देखो शाह की वह ऊँची मीनार!

[२]

पूर्व में खड़ा था जब लाल सा विनिद्र भोर,
स्वप्न में सुना मधुशाला में तब एक रोर,—
"जागो अहे मानव-संतान भरो प्याला, कहीं
रहे रिक्त जीवन के प्याले में न सुरा और!"

[३]

अरुण-शिखी-ध्वनि सुनते ही कितने पुकार,
बोले जन खड़े थे वहाँ जो—"तब खोलो द्वार!
जानते हो नहीं यहाँ रहेंगे अधिक देर,
और नहीं जाकर है लौटना द्वितीय बार!"

[४]

आया नव वर्ष, साथ जागीं भूली वासनाएँ,
चला जन विजन को लिये चिंता भावनाएँ,
ईसा-श्वास भर जहाँ जागी सुप्त मेदिनी, औ
मूसा-प्राण-पल्लवित हुई वन्य लतिकाएँ!

[५]

कहाँ है इरभ कहाँ उसकी गुलाब-भीर?
सप्त-चक्र प्याला कहाँ तेरा जमशेद वीर?
देती किंतु द्राक्षारस-वल्लरी है पेय वही
आज भी खिला है एक उपवन सरि-तीर!

[६]

मौन-मुख रहेगा दाऊद अब सब काल;
मीठी पहल्वी में किंतु गाती बुलबुल बाल—
"ढालो वही लाल मीठी हाला ढालो हाला"—और
पांडुर गुलाब के कपोल होते सुन लाल!

[७]

आओ भरो प्याले में निराला रस अनमोल,
डालो मधु-ज्वाला में शिशिर-चिंता-वास खोल,
समय-विहंग नहीं उड़ेगा अधिक दूर,
अभी वह उड़ा देखो पवन में पंख तोल!

[८]

जागे दिन साथ ये कुसुम भर बहु-रंग,
मिले धूलि में सहस्र और देखो छिन्न-अंग;
लाया मधुमास जो गुलाब, ले चलेगा वह
जमशेद और कैकुबाद को भी निज संग!

[९]

आओ किंतु पियो वृद्ध सुकवि खैयाम साथ,
भूलो कैकुबाद और कै खुसरो की जमात;
शांत नींद रुस्तम को सोने दो, न सुनो और
भोजन को हातिम पुकारता कहाँ अनाथ!

[१०]

चलो आज खोजें ऐसी हरी औ' भरी जमीन
सीमा मरुभूमि की हो, होंगे वहीं समासीन,
भेद नहीं जानता सुल्तान से गुलाम, वहाँ
दया का भिखारी महमूद सिंहासनासीन!

[११]

साथ कुछ भोजन हो, यहीं तरुतल-वास,
सुरापात्र, काव्य-ग्रंथ और यदि रहो पास
गाती प्रिये विजन में गीत, कहो कौन तब
चाहे स्वर्ग के भी सर्वकांक्षित सुखद-वास?

[१२]

कहते हैं एक—भव्य कितना साम्राज्यवाद;
देखते हैं अन्य भावी स्वर्ग के सुख-प्रसाद;
दूर करो स्वप्न और देखो आज संमुख जो,
होते ढोल दूर के सुहावने, है निर्विवाद!

[१३]

देखो क्या गुलाब कली कहती विहँस मंद,
मंद हँस कहती है—खोलो अरे दल बंद;
खोलो बंद दल सब मुक्त करो गंध-भार,
बहे चारों ओर गंध-मंथर समीर अंध!

[१४]

देखते हैं आशा-स्वप्न जन कितने अजान,
जल जल बुझती जो, किंतु होता अवसान
निशि के वैताल जाल का यथा मरुस्थल में,
पल दो ही चार बाद, अंत इसका समान!

[१५]

स्वर्ण-शस्य काट हुए यहाँ जो संपत्तिवान,
अथवा बिखेरा उसे क्षुद्र धूलिकण जान,
भग्न हो समाधि यदि, सुलभ न कंचन का
रूप उन्हें हुए एक बार जो भी भू-शयान!

[१६]

देखो जग की सराय खड़ी यह जीर्ण-गात,
द्वार दो हैं, स्वर्ण का दिवस और अंध रात,
शाह औ' सुल्तान यहाँ आये बड़े रोबदार,
बीते घड़ी चार, गये जाने कहाँ बिना बात!

[१७]

कहते हैं, वन्य पशु घूमते, जहाँ महान
भवनों में किया जमशेद ने था सुरा-पान
वन्य खर धरता है टाप आज गर्वित हो
सोता है शिकारी जहाँ बहराम, शून्य-ज्ञान!

[१८]

सोचता हूँ खिला कभी ऐसा भी गुलाब लाल,
बहा नहीं जहाँ किसी कैसर का भग्न भाल;
खिलता गुल्लाला उपवन में, जो चूमता था
कभी किसी कामिनी के नीरद से केश-जाल!

[१९]

और सरि-चुंबित लता जो बनी तरु-हार,
खड़े दोनों जन प्रिये, लिये जिसका आधार,
झुको लघु-भार, कौन जाने किस सुंदरी के
अधरों की सींचती अदृश्य इसे रस-धार!

[२०]

अहे प्रिये, भरो आज प्याला वह, करे अंत
विगत व्यथाओं भावी भीतियों का, जो तुरंत;
कल? अरे कल होगा सुकवि खय्याम कहाँ
लिये साथ वर्ष मास बीते कल के अनंत!

[२१]

किया जिन्हें प्यार वही प्राणाधिक छविधाम,
काल और धाता की कला के चिन्ह अभिराम;
रिक्त कर प्याले निज दो ही चार दौर पूर्व,
चले गये मौन सभी पाने अपना विराम!

[२२]

शेष जन भवन में करते क्रीड़ा-विलास
फूट रहा वाटिका के नव मधु-पुष्प-हास;
शयन करेंगे सभी जन इसी मेदिनी में
किसकी रचेंगे वहाँ सेज किंतु साभिलाष?

[२३]

प्रिये इसी जीवन में हो प्रसन्न, हर्ष-लीन,
मिले नहीं धूलि में हैं जब तक तन क्षीण,
धूलि मिली धूलि में, औ' धूलि-तल चिर-वास,
नहीं सुरा, नहीं गीत, गायिका न, अंतहीन!

[२४]

बड़े समारोह संग कोई सजा रहे "आज",
अन्य देख "कल" को ही करते हैं निज काज,
तम की मीनार से मुअज़्ज़िन ने दी पुकार,
"मूढ़ो, तुम्हें सुलभ यहाँ न वहाँ सुख-साज!"

[२५]

ज्ञानी और संत बड़े करते पांडित्य-अंध,
लोक-परलोक के विवाद, कहाँ गये मंद
दूर मूढ़-बुद्धियों से; उड़ा व्यर्थ शब्दजाल
पवन में, हुए और धूलि से भी मुख बंद!

[२६]

आओ वृद्ध सुकवि खय्याम साथ, छोड़ो ज्ञान
ज्ञानियों को, सत्य जानो जीवन है म्रियमान,
एक यही ज्ञान सत्य और सब मृषा बन्धु,
खिला एक बार जो प्रसून होता चिर-म्लान।

[२७]

सुने हैं, युवापन में मैंने भी अनेक बार
ज्ञानी पंडितों के बड़े तर्क, सभी निराधार
आवर्तन विवर्तन; घूम वहाँ चारों ओर
देखा जब लौट सदा वही था प्रवेश-द्वार!

[२८]

बोया ज्ञान-बीज बड़ी साध कर तभी साथ,
फूले फले इसीलिये सींचा उसे निज हाथ,
काटी क्या फ़सल खूब, देखा यही बाट जोह,
पानी और पवन सा आया औ' चला अनाथ!

[२९]

आया क्यों विशाल इस जग में, है नहीं ज्ञान,
कहाँ से बहा मैं सरि-जल-सम कर गान;
चला अब बाहर को मरु के बवंडर सा,
लक्ष्यहीन कहाँ को, न उसका भी कुछ भान!

[३०]

आना हुआ कहाँ से न किया कुछ समाधान,
जाना यह भी न कहाँ को अब नया प्रयाण;
प्याले पर प्याला भरो हाला से, डुबाओ और
उसी मदहोशी में असह्य जो अज्ञान-ज्ञान।

[३१]

पृथिवी के केंद्र से उड़ा मैं, सप्त-द्वार पार
शनि के सिंहासन पै' बैठ भी किया विचार;
सुलझ गई थीं और गुत्थियाँ तो मार्ग में ही,
भाग्य-मृत्यु-ग्रंथि मात्र सुलझी न एक बार।

[३२]

पाया नहीं एक द्वार का कहीं रहस्य हार,
एक अवगुंठन के नहीं देख सका पार,
तेरी और मेरी रही बातचीत थोड़ी देर,
और फिर जाने दोनों, खो गये कहाँ असार!

[३३]

घूर्णयमान गगन से मैंने तब की पुकार,
कौन सूर्य चंद्र तारा, ज्योति कौन सी उदार,
हेर जिसे पाते जन पथ काली यामिनी में,
मिला एक उत्तर : रे, अंधकार, अंधकार!

[३४]

पूछा मैंने जब इस जड़ प्याले से निदान,
धर ये अधर, कहीं दे यही रहस्य-ज्ञान,
बोला अधरों से वह मंद—नहीं बार बार
आना यहाँ, पियो प्राण रहते हे भाग्यवान!

[३५]

सोचता हूँ कभी इस पात्र में भी रहे प्राण,
मंद अभी जिसने कहा था, पियो भाग्यवान;
किये इसने विलास, इन्हीं जड़ अधरों ने
दिये लिये होंगे आह कितने चुंबन-दान!

[३६]

देखा भव्य-पथ में क्या एक दिन सांध्य-काल,
लिये कुंभकार भीगा ढेर मिट्टी का विशाल,
पीट रहा बार बार, मंद वह कातर हो,
"धीरे अहे बंधु, दया धीरे"—कहती बेहाल!

[३७]

भरो पात्र, कहना क्या बार-बार बिना काज
बहता कैसे अबाध, दिन रात का समाज;
बीता भूतकाल, है भविष्य अभी जन्मा नहीं
चिंता फिर किसकी रे हो यदि मधुर आज!

[३८]

शून्य के मरु-स्थल में एक शुभ दिन-मान,
जीवन की सुधा पान हेतु वह विद्यमान;
डूब रहे तारे और चल दिया कारवाँ भी
शून्य प्रात ओर, अहे भरो शीघ्र करो पान!

[३८]

वही दौड़धूप अभी कितने दिवस-मास,
मिले कभी यह कभी वह सदा साभिलाष;
द्राक्षा-फल संग हो प्रसन्न, यही भला बंधु
खोज खोज आशाफल होते हो वृथा निराश!

[४०]

जानते हो इसी गृह में, जब हुआ विराग
वृद्धा बुद्धि वधू से, था दिया तब उसे त्याग;
बड़े समारोह संग किया औ' नया विवाह,
दिया द्राक्षा-बालिका को अर्द्ध निज सेज-भाग!

[४१]

सिद्ध कर सकता हूँ 'अस्ति' 'नास्ति' तर्क-संग,
लोक परलोक आदि की यदि पड़े प्रसंग;
मथा ज्ञानांबुधि किंतु पाया उसे तिक्त महा,
डूब इसी पेय मात्र में बस पूरी उमंग!

[४२]

बीते कुछ दिन जब खुला था संशय-द्वार,
आया तब वहाँ एक देव-दूत छायाकार,
रखे निज स्कंध पर पात्र एक, बोला और
चखो इसे; चखा तो थी वही द्राक्षारस-धार!

[४३]

द्राक्षारस-धार वही जो अखंड तर्क-संग,
करती संसार के सहस्र शत मत भंग;
विज्ञ रासायनिक जो एक लघु पल में ही
जीवन के राँगे पर चढ़ा दे सुवर्ण-रंग!

[४४]

महा शक्तिशाली महमूद, औ' विजेता वीर,
सेना अंधकार की जो घेरती मनः शरीर,
दुःख भय आशा निराशाओं का समूह मंद,
छिन्न कर देती यह जादूभरी शमशीर!

[४५]

छोड़ किंतु ज्ञानियों का दूर व्यर्थ शब्द-जाल,
विश्व गुत्थियाँ भी नहीं सुलझीं जो किसी काल,
तुमुल कोलाहल में बैठ किसी शांत कोने
जिसने बनाया तुझे खेल, उसे खेल डाल!

[४६]

बाहर भीतर नीचे ऊपर औ' बिना छोर
छाया का तमाशा, नहीं अन्य है रहस्य घोर,
विश्व-मंजूषा में जली सूर्य की मशाल, तथा
घूम रहे प्रेत सम जन सब चारों ओर!

[४७]

सुरापान और मधु-अधर-चुंबन-दान,
इनका भी अंत यदि शून्य, सभी के समान;
सोचो तब जीवित भी वही तुम अंधकार,
होगे वही शून्य, नहीं न्यूनाधिक का विधान!

[४८]

खिला है, गुलाब एक जब तक सरि-तीर,
पियो तब तक मेरे साथ द्राक्षारस धीर;
आये और लिये तीखा प्याला जब यमदूत
पियो उसको भी, नहीं पाओ कुछ भय वीर!

[४९]

बैठा अंध भाग्य बिछा दिन-रात की बिसात,
मुहरे मानव, खूब खेलता दे शह-मात,
इधर उधर उन्हें घुमा फिरा चारों ओर,
रखता मंजूषा में समेट अंत को जमात!

[५०]

स्वीकृति अस्वीकृति से गेंद को न कुछ काम,
फेंक दो जिधर, चली उधर दक्षिण-वाम;
मानव-कंदुक तेरे, जानता है भेद सभी
तेरा ही खिलाड़ी कोई, जानता वही अनाम!

[५१]

लिख देती लेख भाग्य-लेखनी, औ' निर्विकार
बढ़ जाती आगे, नहीं ज्ञान धर्म के विचार
टाल सकते हैं उसे एक पग पीछे, नहीं
धो सकती शब्द एक तेरी दृग-जल-धार!

[५२]

अधोमुख प्याला जिसे कहते हो आसमान,
नीचे जहाँ जन-कीट जीवित वा गत-प्राण;
उठाओ न हाथ उसे कातर हो दया-हेतु,
वह भी हमारी भाँति विश्व-संग घूर्ण्यमान!

[५३]

प्रथम भू-मृत्तिका से गढ़ा रे मनुष्य-भाल,
आखिरी फसल के भी बीज तभी दिये डाल;
लेख जो लिखे गये थे सृष्टि के प्रथम प्रात
फलीभूत होंगे वही देखना प्रलय-काल!

[५४]

ज्वाला के तुरंगों पर चले जब हो सवार,
सप्त गृह गुरु आदि स्वर्गिक नक्षत्र-हार
तज निज लक्ष्यस्थल, जीवन के बीज तभी
पूर्व सृष्ट मेरे किसी क्षेत्र में दिये पसार।

[५५]

जमी जड़, द्राक्षा-रस-वल्लरी जो मुझे घेर
करे गूढ़ वेष्टन, तो वायज़ को मत हेर;
कौन कहे मेरी तन-धातु की ही कुंचिका से
खुले द्वार, जहाँ वह खड़ा रहा बड़ी देर!

[५६]

एक बात जानता हूँ, मिले यदि सत् प्रकाश,
करे स्नेह-दान किंवा दे मुझे अनेक त्रास,
मिले मधुशाला में ही मिले यदि रेखा-मात्र,
मस्जिद में नहीं, जहाँ उसका समूल नाश!

[५७]

अहे धाता किया तूने मेरा पथ अभिराम
सुरा और सुंदरी से, किया है वहीं विराम;
नियति की डोर खींच कहना, न अंतकाल,
तेरा है पतन तेरे पाप का ही परिणाम!

[५८]

मंद इस पुतले में जिसने दी डाल जान,
स्वर्ग औ' शैतान को बनाया संग स्नेह मान;
पृथिवी के महापाप-भार-हेतु, अहे ईश,
मानव से माँग और दे उसको क्षमा-दान!

[५९]

और सुनो एक दिन हो रहा था सांध्यकाल,
रमज़ान मास था, न दिखा अभी शशि बाल,
पूर्व कुंभकार की दूकान में अकेला खड़ा,—
सजे हुए चारों ओर घट लघु औ' विशाल,—

[६०]

देखता हूँ चमत्कार-पूर्ण वह परिवार,
बोलते थे कुछ वहाँ, कुछ रहे मौन धार,
अकस्मात् बोल उठा उनमें अधीर एक,
"कहो बंधु, कौन यहाँ कुंभ, कौन कुंभकार!"

[६१]

बोला तब दूसरा—रे सत्य यह असंदेह,
जिसने ले मृत्तिका से पिंड एक, कर स्नेह
बड़ी काट-छाँट से बनाया मुझे, नहीं कभी
उसी मृत्तिका में मिला देगा सुवर्ण देह!

[६२]

बोला अन्य—कोई घृष्ट बालक भी कर पान,
हर्ष-भर प्याले से, न तोड़ता उसे अजान;
गढ़ा जिसने है सुख-स्नेह-वश घट कहो,
कैसे तोड़ देगा कभी वह उसे क्रोध मान!

[६३]

दिया नहीं उत्तर किसी ने रहे नत-माथ,
बोला घट लंबोदर तब कुछ गर्व-साथ,
"हँसते हैं लोग मेरा देख बड़ा डील-डौल,
हुआ कुंभकार का ही क्या तब कंपित हाथ?"

[६४]

"रहता यहाँ जो मदवाला उसे—" बोला एक,
"सूरत-हराम कह करते घृणा अनेक,
कहते परीक्षा कोई होगी हम सबकी भी,
किंतु सब ठीक, जन सुंदर है सविवेक।"

[६५]

बोला तब और कोई, खींच एक दीर्घ हाय,
"सूख गया भूला हुआ पिंड यह निरुपाय;
पूर्व सा ही किंतु अभी हो सकता रूप रंग,
मिलती जो फिर उसी प्रिय सुधा की सहाय।"

[६६]

इसी भाँति आपस में करते थे वे प्रलाप,
देखा उगी नभ में मयंकरेखा चुपचाप!
बोले हृष्टमना,—"देखो बंधु वह मदवाला,
बहँगी धरे है आता मचर मचर आप।"

[६७]

ढालो अरे द्राक्षारस बुझता जीवन-दीप,
शुद्ध करो मृत आह, सुरा से शरीर छीप;
द्राक्षादल-कफन से करना दफ़न मुझे
सुंदर सघन किसी उपवन के समीप!

[६८]

समाधिस्थ मेरे इस तन की मदिर गंध,
डोले वन वन कर वहन पवन मंद,
जाय उस ओर यदि कोई सत्य-ईश-भक्त,
अकस्मात् सूँघ बरबस हो सुरभि-अंध!

[६९]

पूजते सुरा औ' सुंदरी को गये युग बीत,
हुआ सकलंक, लोग करते हैं बातचीत,—
डुबा दिया एक क्षुद्र प्याले में ही निज नाम,
बेच दिया अपने को सुन एक मृदु गीत!

[७०]

सत्य यह, किया है संताप मैंने बहुबार,
किंतु उस काल था क्या मन पर अधिकार?
आई तभी मधु-ऋतु हाथ में लिये गुलाब,
कर गई छिन्न मेरा सभी शोक-दुख-भार।

[७१]

यद्यपि सुरा ने मुझे किया अति बदनाम,
सोचते हैं जन मेरा मुँह देखना हराम,
किंतु क्या खरीदता है अर्द्ध-मूल्यवान ऐसा,
बेचता है वस्तु जैसी ले कुछ कलार दाम?

[७२]

आह चला जाता है गुलाब मधु-ऋतु-संग,
यौवन के ग्रंथ का भी होता कभी पाठ भंग,
कहाँ से कहाँ को गई कौन कहे, डालियों में
वही बुलबुल गाती रही भर जो उमंग!

[७३]

अहे प्रिये जान पाते भाग्य से जो एक बार,
किसी भाँति दुखी इस जग का रहस्य-सार,
छिन्न भिन्न कर उसे, फिर से न रचते क्या
सुंदर संसार और अपनी इच्छानुसार?

[७४]

हृदय की चंद प्रिये, वंदित, सदा अमंद,
एक बार और हुआ उदित गगन-चंद;
कितनी ही बार यों उदित सूनी बाटिका में
वृथा ही लखेगा हाय, होंगे तब दृग बंद!

[७५]

हरी घास पर रख अरुण-चरण-भार,
आना हे प्रसन्न, बैठे अतिथि जहाँ उदार,
मैं भी जिस थल कभी बैठा, वहाँ खाली एक
सुंदरि, उलट देना प्याला बस एक बार!

(१९३५)

मुक्तक

[१]

वियोग-व्यथा के शत शत दंश,
निराश हृदय की मूर्च्छा, त्रास,
जगा सकरुण वह विस्मृत ज्ञान,
मिलन का जब तक हास-हुलास,
अमर कर ले प्रतिपल निःसार,
प्यार से भर अयि, अगणित वार।

[२]

स्वप्न में एक बार कर प्यार
गूढ़ तंद्रा से भर मन-प्राण,
स्वप्न की देवी जो अज्ञात,
हुई सहसा फिर अंतर्धान,
दूर कर कैसे आज दुराव,
कहो जाने उर के मृदु भाव?

[३]

वासना-वल्लरी से चुन चुन
इच्छाओं के लघु द्राक्षाफल,
क्या देख बनाया उन्हें आज,
निष्ठुरता से है मसल मसल;
ले गान-पात्र में भरी बाल,
उर की यह हाला लाल लाल।

[४]

सफल सुख की तरंग कर पार
उदास अचानक मेरे प्राण,
आह निर्जन संध्या सविषाद,—
न फिर होंगे मानो गतिमान।
विश्व-छाया निशीथ में लीन,
रहेगी सुप्राभात-छवि-हीन।

[५]

बना दुख का जो साधन क्रूर,
रचूँ उसके क्यों वंदन-गान?
तिक्त मेरे अनुभव की बात,
मधुर कैसे लूँ उसको मान?
तुम्हें जग पर यदि अमित दुलार,
घृणा का मुझको भी अधिकार।

[६]

यंत्र के एक बार बन ग्रास,
सरल जानो मत पाना त्राण,
पूर्ण पीड़ा का लेकर स्वाद,
यहाँ तिल तिल करना तन-दान,
न सुन भूलो जीवन का नाम,
मरण ही जीवन का उपनाम!

[७]

निशि बीते फिर भोर हुआ, तब
उदित हुई उर में नव आशा;
बीत गया कोलाहलमय दिन,
साँझ हुई तब घोर निराशा!
जली निराशा-ज्योति निरंतर,
आशा-नयन-प्यालियाँ रीतीं,
प्रिये, व्यर्थ जीवन के ऐसे
दिन बीते, रजनी भी बीतीं!

[८]

निकट आकर भी इतने आज,
प्रिये, होगा यदि और दुराव
पात्र सहसा अधरों से खींच,
दिखा भ्रूभंग चपल कर हाव,
बूँद भी रख लोगी यदि पास,
अतृप्त रहेगी मेरी प्यास!

[९]

हो राग छंद नव शब्द मधुर,
तब रचूँ प्रिया का विरह-गीत,—
करते विवेक यों जीवन के
कितने निशि-वासर गये बीत;
वह छंद गान में बिना कही,
उर की उर में ही व्यथा रही!

[१०]

विरह की दीर्घ अवधि कर पार
मिलन के दिन आते दो चार;
न हो दुर्लभ क्यों सुख-संगीत,
व्यथा के लुटें न गीत अपार?
नहीं जब प्रथम मधुर आवेश,
दुखद फिर सुख के भी दिन शेष!

[११]

दीर्घ वे रजनीं वे दिनमान,
कल्प से जिनका ओर न छोर,
आज लगते हैं बीती बात,
अनल में दग्ध साँझ औ' भोर!
मिलन-मधु में डूबे दिन चार,
इन्हें जाते होगी क्या वार?

[१२]

न यदि देखा दृग भर वह रूप
कठिन करना उसका अनुमान;
विमल नभ में विधु की यह कांति
सुतनु धोवन की ही उपमान;
स्पर्श करती यदि उसकी श्वास,
मदिर होती सुरभित वातास!

(१९३५)

बेकार

कौन थकित वह तज जन-पथ तरु-तल करता विश्राम।
मध्य दिवस की बेला, फैला अग्नि-शिखा सम घाम।
नहीं सुलभ उसको कोई क्या अपना श्रांतिस्थान?
इस विशाल कोलाहलमय नगरी में एक अजान
शून्य नयनों से रहा निहार,
चपल जन-पद को वारंवार!
अरे वह भारतीय बेकार!

जन-समूह बहता जाता अविराम बिना पहचान;
मौन उठाये शीश खड़े पाणाण-सौध नादान।
भेद नभस्तल आती धर्म-कर्म की वज्र पुकार;
आंदोलन कितने आंदोलित कर जाते संसार;
एकसे पर उसको व्यापार,
शिशिर निष्ठुर क्या सरस बहार।
अरे बह भारतीय बेकार!

करता कौन दृगों में युग जलकण का रे गतिरोध?
उमड़ दग्ध उर से किसका वे खोज रहे प्रतिशोध?
ऊर्ध्व-दृष्टि हरि से क्या वह माँगता मरण-वरदान?
नष्ट भ्रष्ट कर या जग को करना चाहती मसान,
प्रलय सी प्राणों की चीत्कार?
क्रूर किसका हा अत्याचार,
अरे यह भारतीय बेकार?

(१९३५)

पिछली पहचान

अस्त-शिखर पर ठहर, दीर्घ नभ-पथ कर पार, दिनेश
दो किरणें डालता मलिन प्राची-मुख पर छवि-शेष!
दूर-दूरतर जाता वारिधि में ज्यों ज्यों जलयान,
प्रिय, प्रियतर लगती त्यों त्यों तट की वन-रेखा म्लान।
पथिक चलता पथ पर अविराम,
लौट कभी लखता पीछे छूटे यदि जन-वन-ग्राम;
दृगों को लगते वे अभिराम!

चले आज मुख मोड़ अहो ठुकराकर भूला प्यार;
भाये सघन किसी के हरिण-नयन नव स्नेहागार।
जीवन-पथ कर पार कभी हेरोगे जब इस ओर,
देखोगे पथ-मूल पर खड़ी पूर्व-प्रणय-सुख-भोर,
सजाये अधरों पर मुसकान,
धूलि-धूसरित छाया सी कृश-काया एक अजान!
रुचेगी तब पिछली पहचान!

(१९३५)

आज और कल

पूर्व से थी डोलती कल
पवन शीतल मंद।
आज डोली अस्तगिरि से
तप्त अति स्वच्छंद।
अटल विधि-निर्देश,
क्या न जग में पालते निर्जीव, जीव, अशेष?
अटल, विधि-निर्देश!

मुग्ध तेरे नयन कल तक
खोल पक्ष्मल द्वार,
दे रहे थे स्नेह के प्रिय
दान वारंवार;
भूल वह पहचान,
दोष क्या तव, फिर गये यदि आज बन अनजान?
भूल वह पहचान!

(१९३५)

उदय और अस्त

छिन्न कर तम-उर, प्रभा विस्तार, जब
उदित होता बालरवि गिरि-शृंग पर,
कूज उठते विहग, खिलते फूल सब,
जागता संसार नूतन-ज्योति-भर,
मुग्ध वंदन-गीत हैं गाते सभी;
प्रिय, तुझे तो छवि अधिक भाती वही।

अस्त-श्री, पर मंद जब वह डूबता,
फैलती जग पर मलिन घन-लालिमा,
म्लान होते कुसुम, खग-रव स्तब्ध सा,
निकटतर होती निबिड़ निशि-कालिमा;
भग्न आशाएँ करुण क्रंदन लिये,
हृदय को वह छवि, अधिक भाती प्रिये!

(१९३५)

तरी

घेर लें आकाश,
स्वार्थ के घन जब क्षितिज से उमड़ कर;
चंड-गति वातास,
वहन कर डोले निखिल-अघ-तम-कलुष;
भूल पथ असहाय,
दु:ख-भय-ताड़ित विषम भव-सिंधु में,
व्यर्थ-सकल-उपाय;
त्रस्त जब काँपे सभय जीवन-तरी;
छिन्न कर घन-जाल,
जननि, दिखलाना सजल लोचन युगल उस काल;
छिन्न कर घन-जाल!

वारि-राशि अपार,
पार कर कितने अथक निशि-दिवस में,
शून्य वह संसार,
जब मिलेगा चिरापेक्षित श्रांति-थल,
स्वच्छ मिहिर-प्रकाश,
दीप्त करता है न चंचल दिन जहाँ,
निबिड़ नैशाकाश,
स्तब्ध रहता चंद्र-उडुगण के बिना;
सजल वह चितवन-किरण,
चिर सजायेगी चिरंतन रजनि में मम जागरण;
सजल तव चितवन-किरण!

(१९३५)

पाषाण

विश्व-उर पर बैठती साभार जब दुख-यामिनी,
फूट तब मानव-हृदय से एक कातर रागिनी,
हे निखिल-आधार,
ऊर्ध्व उठती वाष्प सी तव नाम की चीत्कार!
निखिल के आधार!

कौन जाने तव दया के विपुल पारावार में,
एक भी लघु कंप भरती, दूर उस संसार में!
किंतु ये पाषाण,
गगन के नक्षत्र हँस उठते सभी सुख मान!
आह ये पाषाण!

(१९३५)

चंद्र से

जाग्रत निशीथिनी के अंक में हे पूर्ण चंद्र!
तंद्राहीन, सरस वासंती सी बरस रहे,
रूप-सुधा अधरों से अविराम, सिक्त कर
मदिर-समीरोच्छ्वास-स्पंदित धरा का उर;
कितने उन्नत गिरि धवल गगनचुंबी,
विटप-प्रच्छाय-सघन-कांतार, तरंगिनी
कलनादिनी, कासार स्निग्ध-जल, अविवेक,
पाते तव स्नेह-दान; समुन्नत खड़े मौन
नगर के सौध भी ये माधुरी में विस्मृत से!

हाय, एक थल पर याचित भी पड़ी नहीं
तेरी दृष्टि, हे शशाङ्क, डोल रही अविश्रांत
जहाँ, इस मधु-वेला भी प्रचंड ताप-भर,
तीव्र-गति झंझा, उड़ा शाखा-च्युत ध्वस्त शुष्क
राशि राशि दल, लिये साथ बंधु ज्येष्ठ मास;
हीनोपाय जल रहा तृण तृण अनल में!
वृथा रे पीयूष-वृष्टि रहा यदि जीर्ण-शीर्ण
यों ही पुष्प-पत्रहीन कलगीतहीन, चंद्र,
लघु वह थल, मम हृदय विरह-दग्ध!

(१९३५)

लाज

आज नभ-सेज-शायिनी घन कादंबिनी ने
नव-स्नेह-दंभिनी ने,
बरस सरस रस-धार धारासार अहो
जग के वक्ष:स्थल को,
सींच दिया प्रीति-भोर; कर कलकल रोर,
बह चला उमड़ अपार जल चारों ओर।

बीत गये श्रावण की यामिनी के दो प्रहर,
रस के निर्झर झर
रिक्त हुए; दादुर-मयूर-कण्ठ-गीति-रव
उठा प्रिया ओर अब।
खोल निज केश-घन, मूँद रही लाजोन्मन
प्रिय के स्नेहार्द्र वक्ष में बिंबित चंद्रानन।

प्रिय-सुखोत्संग-शायिनी रह-विलासिनी भी
श्रांत क्लांत मानिनी सी,
खोल केशभार घन, मूँदती सलाज-मन
तंद्रामग्न सुन मंजु मंजु दो प्रणय-बोल,
अर्द्ध अर्द्ध पक्ष्म खोल,
प्रिय-नयनों में आज, हेर निज स्नेह-लाज
मूँद रही विवश अलस दृग नींद-व्याज।

(१९३५)

भिखारी और महाराज

परिचर उठे पुकार तुम्हारे छोड़ें पथ जन,
आते महाराज; सचकित सब हटे भीत-मन।
खोल झरोखे चलीं मुदित लखने गृह-नारी
शोभित पौर मार्ग में जाती राज-सवारी।
बजे निशान, अछोर ध्वजा नभ में फहराई;
हय गयंद स्यंदन पर चढ़ सेना भी आई।
मध्य एक स्वर्णाभूषण-भूषित कुंजर-वर
रत्न-जटित सिंहासन चारु तुम्हारा जिस पर।
गर्वोन्नत-ललाट आये धन-राशि लुटाते
महाराज, जो सकल प्रजा के वंद्य कहाते।

मैं इस पथ का एक पुराना दीन भिखारी
कहते जन उत्क्षिप्त रीति सब जग से न्यारी।
ला चरणों में अर्पित कर दूँ कौन महाधन?
नगर-श्रेष्ठियों सा मैं भी जो बनूँ हृष्ट-मन।
अहे ईश से वंदित, लेते साथ अकिंचन
मेरे नयनों की लघु एक करुण यदि चितवन;
भेद सुनहले ठाटों की यह माया भारी
दिखलाती वह महाराज में दीन भिखारी।

(१९३५)

पावस के दिन

प्रथम दिवस डोली जब पावस की जलसिक्त समीर
गई साथ ही फूट हृदय से मेरी आह अधीर।
ग्रीष्म-ताप बीते जब अंग लगी शीतल वातास,
पहचानी क्या दग्ध छिपी उसमें मेरी निश्वास।
सघन गगन-छाये घन लख जब नाच उठा मन-मोर
जाना क्या प्रिय उठे किसी उर में दुख-नीरद घोर।
बरसे ज्यों, जलधर झरझर त्यों बरसे दृग-जलपात,
संचित विरह-वारि, भूले कब बीत गये दिन-रात,
मुक्त-पंख उड़ चले मेघ गतनीर छोड़ आकाश!
दर्शन-हीन अनंत दृगों का मेरा पावस-मास।

(१९३५)

गीत का जीवन

कुसुम का चंचल हास,
चंद्र-मुख में छवि का उल्लास,
दिवस दो का विलास, फिर म्लान
धरा पर झरता सुमन विमन;
रूप के सुंदर गान,
दिवस दो का तव चंचल हास,
और तव लघु जीवन!

मदिर नयनों में प्यार,
दो घड़ी की बस मधुर बहार,
खोजते वृथा अंध फिर प्राण:
दो घड़ी का परिचित निज धन!
प्यार के भोले गान,
दो घड़ी की तव मधुर बहार,
और तव लघु जीवन!

क्षणिक सुख का संसार,
तरल जल का बुद्बुद् निःसार,
एक क्षण में विकसित लयमान,
छिपा क्षण में ही जीवन-मरण;
हाय रे, सुख के गान,
क्षणिक तेरा सुख का संसार,
और तव लघु जीवन!

(१९३५)

दान

नयनों से आज अचानक देकर स्नेह-दान
वह उसे अहो चाहती फेरना साभिमान!
बह गई पवन में गंध मंद जो एक बार,
क्या उसे फेर सकता प्रसून है बार बार?
सुंदरी सदा हैं जिसके लिये अतृप्त-प्राण,
नैसर्गिक तेरा गुण वह करना स्नेह-दान!

(१९३५)

सृष्टि के पूर्व

छिपाये जग के प्राण,
उदर में, सोता था आकाश;
उसी में था लयमान,
सृष्टि का भावी चरम विकास;—

प्रिये, तब अपना प्यार
छिपा था उसमें कहीं अजान;
लिये अपना संसार,
कहीं सोते थे मेरे गान!

(१९३६)

यदि पाया जीवन-दान!

इच्छा न अनिच्छा पर निर्भर,
इस विश्व-समर में, निशि-वासर,
रण-शूर-धीर वा कायर नर,
जूझना अमेट विधान;

शुष्क संवेदना के चल-दल,
तब झरो; सहूँ अव्यर्थ सकल,
आसर्वनाश आघात; अचल,
हत-विजय-पराजय-ज्ञान!

स्वागत

वही विमूर्च्छित नभ का पूर्ण वक्ष भर फिर ज्योत्स्ना छाई;
स्वप्नलोक का द्वार खोल फिर बही कहीं से पुरवाई।
शाखाएँ किसलयित, लताएँ कुसुमित कर मधुऋतु आई,
शून्य हृदय में बीती अभिलाषाओं की स्मृतियाँ लाई।

विगत वर्ष की रानी आई, परिवर्तित कर निज परिधान;
वही राग, फिर भी होंगे सम्मान हेतु उसके नव गान!

(१९३६)

दुख का सुख

दूर देश की निर्जनता में एकाकी जब दीन,
असह विछोह-व्यथाओं से होता मन अधिक मलीन,
मेरे सुख के होते हैं तब एक यही सामान,
प्रिये, हृदय से आप फूट निकले कुछ दुख के गान!

(१९३६)

विचित्र भोर

देखो फिर हुआ वही भोर महा-दुखदाई,
धुँधला, मरा सा ज्यों खँड़हरों के रंग रँगा;
भोंपू कारखाने का बजा त्यों स्वर संग मिला
मक्खन रोटी बिस्कुट चाय तथा हलवे के
फेरीवाले बोले निज निज बोलियाँ; वे
चुभी तेज़ छुरियों सी हृदय में, मानो सब
जगा रहे दिवस के दुःख अपमान घृणा
लाञ्छना को, सो गये जो रात भर मेरे साथ!

फिर से आरंभ हुआ जीवन का चक्र नित्य;
कहती उठ पत्नी—आज चुका आटा दाल नोन,
नहीं घर ईंधन जलेगा कैसे चूल्हा फिर?
फीस देना बाकी अभी छुट्टन की, दो दिन का
साथ जुरमाना; लल्ली को तो था बुख़ार रात,
कहा बारबार नहीं कभी दिखलाते तुम
वैद्य किसी डाक्टर को; हाथ धोना बदा मानो
एक प्यारी बच्ची से;—भाँति भाँति के विलाप
सुनता प्रलाप ऐसे! हेर हेर म्लान मुख
पत्नी पुत्र पुत्रियों के रह जाता खींच आह!

किसी भाँति स्नान कर, पेट भर रूखे सूखे
अन्न से, चला जब आफ़िस को तो पथ रोक
घर के किराये, साग-भाजी, आटा-दालवाले
टोकते हैं सेठ साहूकार जाने कितने ही।
सबसे विनम्र वादा करता कल देने का।

आफ़िस में मिलते समानधर्मा, देता नहीं
एक कभी दूसरे को सांत्वना, हैं आकुल वे
कहने को अपनी ही दुःख-कथा। एक बार
बैठ, निज आसन से उठ नहीं पाता फिर;
देख लेता सामने की घड़ी बस कभी कभी।
मोटी दीर्घ पोथियों में जोड़ बाकी गुणा भाग,
वही बचपन के हिसाब आज काम देते,
दाम कुछ भोजन को। साहब की फटकार
सुनते अचानक कलम काँप जाती, प्राण
सूख जाते, कटे कहीं आधी तनख़ाह नहीं
जुरमाने में ही;—बीत जाते इसी भाँति सब
घंटे और मिनट, समाप्त कर कार्य सब
नियत समय से और देर तक बैठकर,
छूट पाता यंत्रणा से। चले घर जन सब
छाया कुछ हर्ष थके करुण मुखों पर, ज्यों
पड़ीं वहाँ अस्त होतीं रवि-किरणें मलीन!
नहीं पूर्ण हर्ष, चिंता मन में है घर की भी
करे जगदीश्वर कुशल वहाँ।
देखो वहा—
आया है प्रभात, दुःख दिन का आरंभ कर,
पीस डालता जो क्षुद्र जीवन को, नहीं शेष
रहता साहस पास शक्ति, अति निर्बल ये
नहीं उठ पाते हाथ प्रार्थना को ईश की भी।
निरानंद बैठ गया धूमिल शिला सा यह
छाती पर जग की; वे फूट रहीं चारों ओर
कातर पुकारें दुखी मानव की फूटती ज्यों
पूर्व-ज्वालामुखी से रुधिर-भीगी किरणें वे;
उठी ध्वनि वंदन की किंवा यह क्रंदन की!
देखे दृश्य दुख के या सुख के? रे इसी भाँति
बीते भोर साँझ दिन रात कितने अनंत!
भूलते न क्रम, हे प्रभात क्या विराम नहीं
गोद में तुम्हें किसी चिरंतन विभावरी के?

(१९३५)